Hans-Ulrich Mönnig
Homo Sapiens – Experiment Mensch

Die Erzengel ´Michael und Gabriel´ geraten, nachdem sie vom ´Lieben Gott´ *den* Auftrag für das Projekt ´Mensch´ erhalten haben, aus den optimierten Primaten etwas ´Neues´ zu schaffen, *IHM* ähnlich, aber nicht gleich, in Schwierigkeiten, den hohen Anforderungen gerecht zu werden.

Die Erzählung berichtet von ´Oben´ über die Entwicklung des Homo Sapiens, dem ´Höchsten allen bisherigen Lebens´. Das geschieht an wichtigen, historisch und wissenschaftlich authentischen Stationen mit Begebenheiten bis in die Gegenwart. Sie benutzt als methodischen Rahmen die menschengemachten Ordnungssysteme und einige Mythen der Abrahamsreligionen (Juden, Christen und Moslems). Die Erzählung stellt angesichts der Unendlichkeit des Universums die ´*Arroganz vermeintlicher religiöser oder naturwissenschaftlicher Erkenntnisse*´ des modernen Homo Sapiens gegen ´*das Glauben als Horizont der Zukunft*´ in Frage.

Auf einem Kongress von Experten aus dem All sollen die Ergebnisse des Prototyps ´Mensch´ vorgestellt und bewertet werden, da es auch Überlegungen gibt, vergleichbare Planeten des Weltalls in Milliarden weiterer Galaxien, ähnlich der unseren, ebenfalls zu bevölkern. Die Diskussion der Experten in der Konferenz verläuft kritisch.

Für eine reichlich bemessene Frist wird die Beratung mit der Auflage von notwendigen Korrekturen am Humanprojekt unterbrochen. Bemängelt werden nicht die Äußerlichkeiten und mechanischen Funktionen, wohl aber die Software des ´Systems Mensch´, und die Parameter, die sein Wesen bestimmen.

Die Nachfolgekonferenz trifft dann aber Entscheidungen mit unerwarteten Folgen.

Hans-Ulrich Mönnig

Homo Sapiens-*Experiment Mensch*

Die kurze Entwicklungsgeschichte des Menschen —
Eine Parabel vor historischem Hintergrund
Der besondere Blick von ´Oben´;
Auf das Universum, die Erde, deren Bewohner,
Religionen und Wissenschaften.

Homo Sapiens-*Experiment Mensch*

Die kurze Entwicklungsgeschichte des Menschen –
Eine Parabel vor historischem Hintergrund
Der besondere Blick von ´Oben´;
Auf das Universum, die Erde, deren Bewohner,
Religionen und Wissenschaften.

Bibliografische Information der Deutschen Nationalbibliothek:
Die Deutsche Nationalbibliothek verzeichnet diese Publikation in der Deut-
schen Nationalbibliografie; detaillierte bibliografische Daten sind im Internet
über http://dnb.dnb.de abrufbar.

3.Auflage © 2025 Hans-Ulrich Mönnig, Weimar

Verlag: BoD · Books on Demand GmbH, Überseering 33,
22297 Hamburg, bod@bod.de
Druck: Libri Plureos GmbH, Friedensallee 273, 22763 Hamburg
ISBN: 978-3-7693-6768-3

Inhalt

„Homo Sapiens – Experiment Mensch", Gedanken im Vorwort von Christine Lieberknecht[1, 2]

 Als evangelische Theologin, Vertraute der Materie aus wissenschaftlicher und praktischer Erfahrung, ehemalige Pastorin und Ministerpräsidentin des Landes Thüringen a.D. war und ist sie realiter mit der Tiefe des Themas befasst. Sie appelliert an die Menschen über alle Grenzen hinweg, die ihnen gegebenen Verantwortungen der Schöpfung (endlich) wahrzunehmen und formuliert:

> *„Und überhaupt: Mit meinem Wissen, mit meiner Kraft, mit meinem Reichtum, mit meinen Beziehungen, was schert mich da noch Gott!*
> *Mit dem Griff nach dem verbotenen Apfel fing es an. Dieser Anfang ist alles andere als eine ferne Geschichte eines gewissen Adam und einer gewissen Eva.*
> *Es ist Geschichte des Menschen schlechthin."*

Die Entscheidung der Großen Konferenz, der EvolutionsVoll-Versammlung (EVVS), die Bemühungen zur Primatenoptimierung vorerst nicht weiter zu verfolgen, war zu erwarten. Trotz aller technischen Perfektion in Fragen der Lebensdienlichkeit

[1] Bis 1990 Pastorin im Kirchenkreis Weimar; ab 1991 in verschiedenen Funktionen: Abgeordnete, Ministerin, Landtagspräsidentin im Thüringer Landtag, 2009- 2014 Ministerpräsidentin von Thüringen a.D.

[2] Siehe auch: „Lieberknecht, Christine, Dipl.-Theologin; Ministerpräsidentin von Thüringen a. D. – Die Humanistin, Seite 382-400" in: Mönnig, Hans-Ulrich; *Porträts, Ansichten und Brüche - Hochschule für Architektur und Bauwesen Bauhaus Universität Weimar – Ein Lesebuch; 2022, 3. ergänzte und bearbeitete Auflage, 798 Seiten mit Anlagenband; Grünberg Verlag, Weimar und Rostock; ISBN 978 3 933713 67 4.*

organischer Fähigkeiten des Homo Sapiens war es nicht gelungen, ihn von seinen Negativeigenschaften wie Gier, Neid oder Mordlust zu befreien. Vor allem das Potenzial zur dauerhaften Selbstzerstörung nicht nur seiner eigenen Spezies, sondern auch seines irdischen Lebensraums, dem Planeten Erde und unabsehbare Folgen für das Universum, waren von derart abschreckender Wirkung auf die Konferenzteilnehmer, dass sie das Risiko weiterer Experimente nicht mehr länger bereit waren einzugehen.

Ganz aufgeben wollten allerdings der Chef der Erzengel und Beschützer *Michael* und Erzengel *Gabriel* als Boten Gottes das Projekt der Primatenoptimierung dennoch nicht. In ihren weiteren Überlegungen äußerten die beiden Erzengel im Auftrag von *IHM* (Gottes) die Hoffnung, nach dem Ende der zwischenzeitlich hereingebrochenen Eiszeit das „Experiment Homo Sapiens" unter veränderten Voraussetzungen neu aufnehmen zu können. Allerdings sollte den beklagten genetischen Defekten des Homo Sapiens diesmal von Anfang an vorgebeugt werden durch Verzicht auf das „Paradies-Garten-Eden-Bewusstseinserwachen". Damit würde die Versuchung des verbotenen Apfelbisses entfallen. Die Chance auf einen „neuen Typus Mensch" wäre somit aus Sicht der Gottesboten ungleich vielversprechender. Der Mensch könne nun zwar „nicht göttlich, aber im Guten *Seinem* (Gottes) Ebenbild entsprechen".

„Edel sei der Mensch, hilfreich und gut" schrieb der Meister der Weimarer Klassik Johann Wolfgang von Goethe im Jahr 1783. So lernten es Generationen von Schülern im Unterricht. Aber wie weit wird das Böse durch den neuen Plan der Erzengel und Beauftragten von *IHM* tatsächlich besiegbar sein. „Nicht göttlich" solle der Mensch sein, „aber im Guten" dem Ebenbild Gottes entsprechen.

Was aber heißt das für den Menschen, wenn ihm die Entscheidung zwischen Gut und Böse bereits durch seine genetische Konstitution abgenommen wird? Wäre es für den Menschen tatsächlich besser, würde man ihm seine bisherige Entscheidungsfreiheit zwischen Gut und Böse abnehmen und sein Tun allein auf das Gute richten?

Von diesen Träumen habe ich in meiner Jugend zur Zeit der „entwickelten sozialistischen Gesellschaft" gehört. Leider hatten die damaligen Machthaber nicht nur geträumt, sondern ihr Ziel den „neuen Menschen" zu schaffen mit zum Teil brachial-diktatorischen Mitteln durchzusetzen versucht.

Das hieß auch, dass die Theoretiker und Praktiker der Ideologie des „neuen Menschen" alsbald Gott aus der Fortschrittsgeschichte der Menschheit verbannten. Damit erwies sich der Vorsatz *Michaels* und *Gabriels,* der Mensch solle zwar „nicht göttlich, aber im Guten *Seinem* Ebenbild" entsprechen, als nicht wirklich tragfähig.

Offensichtlich leitete diese Skepsis bereits vor mehr als zweihundert Jahren Goethes Dichterfreund Friedrich Schiller bei der Abfassung seiner beiden Gedichte „Die Worte des Wahns"(1799) und „Die Worte des Glaubens"(1797).

Das Zusammenspiel von Freiheit und Tugend ist für Schiller elementar. Nach dem Beschwören der Freiheit, schreibt der Dichter über die Tugend:

„Und die Tugend, sie ist kein leerer Schall,
Der Mensch kann sie üben im Leben,
Und sollt' er auch straucheln überall,
Er kann nach der göttlichen streben,
Und was kein Verstand der Verständigen sieht,
Das übet in Einfalt ein kindlich Gemüth."

Dieses Plädoyer für die Tugend setzt zwingend den innerlich freien und zur freien Entscheidung berufenen Menschen voraus.

Gleichzeitig geißelt Schiller das menschliche Sehnen nach Tugend, Glück und Wahrheit als letztlich bedeutungslos und trügerisch.

„Solang er glaubt, an die Goldene Zeit,
Wo das Rechte, das Gute wird siegen,
Das Rechte, das Gute führt ewig Streit,
Nie wird der Feind ihm erliegen,
Und erstickst du ihn nicht in den Lüften frei,
Stets wächst ihm die Kraft auf der Erde neu."

Ungern widerspreche ich einem Erzengel und Boten Gottes. Aber sind nicht doch Zweifel angebracht, ob mit dem Verzicht auf das „Paradies-Garten-Eden-Bewusstseinserwachen" des Menschen ihm zugleich auch die nachfolgenden Versuchungen tatsächlich erspart bleiben?

Zielführender wäre es aus meiner Sicht, den Fortgang der Geschichte zwischen Gott und Mensch nach dem verbotenen Apfelbiss etwas genauer zu rekapitulieren.

Natürlich – die Verantwortung für die Übertretung des Verbots will keiner der Delinquenten übernehmen. Gott seinerseits wird die beiden nicht, wie angekündigt mit dem Tod bestrafen. „Esset nicht davon, rühret sie auch nicht an, dass ihr nicht sterbet", heißt es in Genesis 3,3. Gott lässt die Übertreter seines Verbots leben.

Mit dem Leben im Paradies ist es allerdings vorbei. Der Alltag wird nun hart und ungemütlich werden.

Wie schnell allerdings aus einem scheinbar harmlos angebissenen Apfel im Paradies die erste handfeste Gewalttätigkeit des Menschen mit Blutlache, Leiche und Täter wird, ist atemberaubend. Nur kurze Zeit nach der Vertreibung aus dem Paradies erschlägt Kain seinen Bruder Abel.

Was eben noch der Griff zum verbotenen Apfel war, sind im nächsten Kapitel der Bibel Neid, Hass, tödliche Unbeherrscht-heit – der Brudermord.

Und schon wenig später ist die ganze Menschheit verloren, ob der „Boshaftigkeit des Menschen" willen, wie es in Genesis 6 anlässlich der Ankündigung der Sintflut heißt. Nur Noah ge-meinsam mit seiner Familie und den Tieren in der Arche über-lebt.

Ganz gleich, ob scheinbar harmlos oder am Ende mörde-risch brutal – das Grundmuster ist dasselbe:

Ich, der Mensch, urteile selbst, ob ich von dem Baum, von dem verboten ist zu essen, esse.

Ich, der Mensch, bestimme selbst mein Tun, und wenn es Gott nicht gnädig ansieht, dann muss ich halt meinen Bruder erschlagen.

Und überhaupt: Mit *meinem Wissen*, mit *meiner Kraft*, mit *meinem Reichtum*, mit *meinen Beziehungen*, was schert mich da noch Gott!

Mit dem Griff nach dem verbotenen Apfel fing es an. Dieser Anfang ist alles andere als eine ferne Geschichte eines ge-wissen Adam und einer gewissen Eva.

Es ist Geschichte des Menschen schlechthin.

Das alles scheint mächtig Wasser auf die Mühlen der zum ´Großen Kongress´ versammelten Teilnehmer der Evolutions-VollVersammlung (EVVS) zu spülen und nochmals die Argu-mente für die Dringlichkeit der Beendigung des Experiments „Homo Sapiens" zu untermauern.

Gott selbst hat für den gefallenen Menschen allerdings eine andere Idee.

Mit Jesus Christus als Gottes- und Menschensohn präsentiert uns Gott im Neuen Testament beim Evangelisten Matthäus 4 seine Gegengeschichte.

Es ist die Geschichte des Widerstehens, selbst dann, wenn der Teufel seinem Gegenüber allen Reichtum dieser Welt verspricht.

Jesus *widersteht* als ihm angeboten wird, Steine zu Brot zu machen.
Jesus *widersteht* als ihm angeboten wird, unbeschadet von der Zinne des Tempels zu springen.
Jesus *widersteht* als der Teufel ihm anbietet, alle Reiche der Welt zu Jesu Füßen zu legen.
Jesus *widersteht* der Versuchung.

Er ist der Einzige, der frei von Schuld bleibt. Aber ausgerechnet Jesus wird sterben - für den gefallenen Menschen; für jeden einzelnen Menschen mit allen Fehlern, Unvollkommenheiten, Schuld und Boshaftigkeiten.
Während der Mensch bei der Übertretung des Verbots im Paradies zwar aus den paradiesischen Zuständen vertrieben wird, aber Gott ihn leben lässt, opfert Gott seinen Sohn Jesus Christus genau für den schuldig gewordenen Menschen und lässt ihn zur Erlösung des Menschen aus dessen schuldhaften Verstrickungen sterben.

Damit tut Gott nichts Geringeres als die gestörte Beziehung zwischen Gott und Mensch wieder in Ordnung zu bringen.

Den modernen Menschen, der die Frage, wie Gott all das Böse in der Welt überhaupt habe zulassen können, für sich längst mit der offenkundigen Nichtexistenz Gottes abgehakt hat, wird das kaum noch interessieren.
Aber verschwunden ist die Frage damit nicht; sie wechselt lediglich den Adressaten. Die Anklage früherer Generationen, wie Gott das Unheil, das Böse, Tod und furchtbares Elend überhaupt habe zulassen können, ist heute zur Anklage gegen den Menschen selbst geworden.

In unserer heutigen Zeit ist es der Mensch, dem die Verantwortung für die Unzulänglichkeiten, ja bis hin zu den großen Katastrophen in der Welt angelastet werden. Der Mensch ist es, der für schuldig erklärt wird für all das, was mit Unwetterkatastrophen, Klimawandel, dem Ausbruch von Pandemien oder Naturgewalten über die Menschheit hereinbricht.

Gleicht das nicht in auffälliger Weise der Situation des Menschen im Garten Eden?

Hier wie dort erleben wir den Menschen im Zustand des Angeklagtseins, der sich für seine Verfehlungen verantworten muss - und es doch nicht kann.

Gleichgültigkeit gegenüber dem Glauben an Gott bis hin zu seiner Ablehnung bedeuten eben auch einen Wirkungsverlust des Erlösungstodes Jesu Christi für die Nachfolge im Tun des Guten als auch zur Entlastung von menschlicher Unvollkommenheit und seinem Versagen. Denn die Ansprüche an den Menschen, die Leistungsanforderungen, der Rechtfertigungsdruck, der auf dem modernen Menschen lastet, sind nicht etwa menschlicher, sondern in der vollen biblischen Bedeutung des Wortes „gnadenloser" geworden.

Das ist die Paradoxie des modernen Menschen, der sich aus allen schuldhaften Verstrickungen und Verantwortlichkeiten gegenüber Gott lösen möchte und dabei auf nicht weniger als den Ursprung, auf das „Paradies-Garten-Eden-Bewusstseinserwachen" zurückgeworfen wird.

Bei aller Unvollkommenheit und Schuldhaftigkeit des einzelnen Menschen und ganzer Institutionen, wie wir sie tagtäglich in tragischer Weise mit jeder Nachrichtensendung, mit jeder Zeitungslektüre und im eigenen persönlichen Erleben zur Kenntnis nehmen, folge ich dennoch dem Resümee des Spötters *Heinrich Heine*, das er 1834 in seinem Werk „Zur Geschichte der Religion und Philosophie in Deutschland" zog. Dort schrieb er: „Das Christentum - und das ist sein schönstes Verdienst –

hat jene brutale germanische Kampflust einigermaßen besänftigt, konnte sie jedoch nicht zerstören, und wenn einst der zähmende Talisman, das Kreuz zerbricht, dann rasselt wieder empor die Wildheit der alten Kämpfer, die unsinnige Berserkerwuth…".

Genau das haben uns die Großideologien des 20. Jahrhunderts bitter gelehrt.

Die Worte Heines sind nun bald zweihundert Jahre her. Aber nicht viel anders ist die Ansage des deutsch-französischen Kenners der Weltreligionen, des Journalisten und Publizisten *Peter Scholl-Latour* zu bewerten, die er uns vor seinem Tod 2010 hinterlassen hat:

„Wenn wir die Christusbotschaft preisgeben, bleibt nicht mehr viel übrig von Europa." (GottinBerlin.de)

Fazit:
Es gibt Hoffnung.

Ich unterstütze das Vorhaben der Erzengel *Michael* und *Gabriel*, noch einmal die Tür einen Spalt weit aufzustoßen, um dem „Experiment Homo Sapiens" noch eine Chance zu geben. Allerdings wird diese Chance nur zum Erfolg führen, wenn der Mensch in seiner von Gott gegebenen doppelten Beschaffenheit als *„simul iustus et peccator"* (Gerechter und Sünder zugleich) realistisch gesehen wird. Das ist die Voraussetzung, um den Menschen in seiner ihm von Gott gegebenen Freiheit zum Dienst am Nächsten und zum Wohle der „Stadt Bestem"(Jeremia 29,7) gemäß der reformatorischen Freiheit eines Christenmenschen zu binden:

„Ein Christenmensch ist ein freier Herr und niemandem untertan (*im Glauben*). Ein Christenmensch ist ein dienstbarer Knecht und jedermann untertan (*in der Liebe*)."

Das Projekt ´Homo Sapiens´, Wer etwas zu sagen glaubte:

(wIR)	Die allgemeine irdische Stimme aus dem ´Off´, Wissenschaftler und Persönlichkeiten, die die Geschichte des ´Homo Sapiens´ erforscht haben, Bekanntes der Allgemeinheit.
Abaddon,	Engel des Abgrunds.
ER,	´Der Liebe Gott´, [das Unerfassbare]
Gabriel,	Erzengel; Bote Gottes, der Verkünder.
Iblis,	verehrt *Ihn*, jedoch nicht *Seine* Geschöpfe; ein Feuerwesen, herkömmlich – der Teufel (siehe Dschinn)[3].
Michael,	Chef der Erzengel; der Beschützer.
Raphael,	Erzengel; Engel der Esoterik, der Heilung.
Uriel,	Erzengel; das Licht Gottes.

Die Menschwerdung des Homo Sapiens wird romanhaft und methodisch distanziert in den gesellschaftlichen (kulturellen, philosophischen, politischen) Einflüssen des Lebens und Mythen der Abrahamsreligionen (Judentum, Christentum und Islam), auch anderer Religions- und Glaubensrichtungen auf der Erde erzählt. Das Gemeinsame aller ist – oder sollte es sein – das ´Gute´ des ´Unerfassbaren´ aus verschiedenen Blick- und Denkrichtungen zu erkennen und zu erfahren.

---

[3] https://de.wikipedia.org/wiki/Iblis#Geschichte_Iblis%E2%80%99_in_islamischen_Sagen_und_Koranexegese

Zuerst

Vielleicht ist alles ganz anders gewesen mit den Menschen und dem ´Lieben Gott´, – wie *Ihn* viele als das Allerhöchste anerkennen –, mit der ´Erde´ und mit allem, was sich an Leben auf ihr entwickelt hat. Wie würde es denn sein, wenn wir erführen, dass *Er* den mythischen Erzengeln, *Michael* und *Gabriel*, den Auftrag erteilt hat, das ´Höchste an Vernunft´, *Ihm* ähnlich, aber nicht ebenbürtig, zu erschaffen?

Wenn wir also die Möglichkeit hätten, Zeuge zu sein, uns selbst von außen zu betrachten als stummer und staunender Beobachter, eingeordnet in die Mythen der Welt, und in unserer Bewertung frei von Bindungen und Verpflichtungen sein würden? Eine Selbstkritik fiele uns leichter.

Vielleicht wäre es auch eine (letzte) Chance zur Umkehr und zur Reparatur von Fehlern? So hätte die Von-Oben-bezogene ERD-Sicht eine besondere Spannung. *So sind (wIR), [die Stimme aus dem ´Off´]* beauftragt, in bestimmter zeitlicher Folge diese Entwicklung zu überprüfen, Fehlentwicklungen aufzuzeigen und deren Prognosen abzuschätzen. *(wIR)* berichten also über die Evolutions-Ereignisse und betrachten *(uNS)* – zum besseren irdischen Verständnis – eingeordnet in die Strukturlogik der entwickelten modernen Menschen.

Weil *Michael* und *Gabriel* an allem beteiligt gewesen sein sollen, das Chaos des Anfangs, der Dunkelheit und der Unordnung, dann des Lichts mit den ´Dingen´ und dem ´Leben´, sollten *Sie* in *Seinem* Auftrag herausfinden, weshalb die Menschen immer wieder miteinander Schwierigkeiten haben, sich sogar nach dem Leben trachteten.

Deshalb sollen nach *Seinem* Plan auf einer Konferenz vor Vertretern des Universums die Ergebnisse beraten und Entscheidungen zur weiteren Entwicklung des Projektes ´Mensch´ getroffen werden. So hat es sich aber nicht entwickelt. *(wIR)* empfehlen deshalb zum besseren Verständnis des Berichts die Historienereignisse [nach den deutschen Übersetzungen] der *Bibel*, der *Thora* oder des *Korans* für weitere Erklärungen zu studieren. *(wIR)* folgen den historisch belegten Ereignissen auf der *Erde* und den wissenschaftlichen Erkenntnissen der *Erden-Denker*, auch deren extraterrestrischen Beobachtungen. Das allerdings unterliegt dem Risiko des Irrtums, obwohl das Geschehen auf der ´Erde´, verglichen mit den Vorgängen im Universum in einer erstaunlich kurzen Zeitspanne verlaufen ist.

Das ist der Bericht.

Oman, 2015, Markthalle, Foto ©Mönnig

℘

Oman 2015, Foto © Mönnig

Michael ist sauer

Nein, er werde nicht noch einmal zu dieser Konferenz fahren. *Michael*[4] war ungehalten. Es würde − wie sonst − ähnlich verlaufen.

Doch darum ging es gar nicht mehr. Die Konferenz hatte stattgefunden, einen Zwischenbericht entgegengenommen und beide beauftragt, innerhalb eines Viertel-Galaxien-Jahres[5] darzulegen, ob die Entwicklungsreihe ´Mensch´ fortgesetzt werden soll oder nicht. Dazu, so war die Auflage des Gremiums der Räte, sollten beide nicht nur die bisherige Schöpfung[6], sondern auch die Perspektive der Primatenoptimierung mit belegbaren Nachweisen aufzeigen. Seit einer Homo-Sapiens-Ewigkeit wurden die Erzengel, als die Saurier und andere

---

[4] *Michael* und *Gabriel* sind die Chef-Erzengel, die in allen Religionen mit unterschiedlichen Aufgaben erwähnt werden. *Michael* steht mit *Gabriel* als Kämpfer für *Ihn* an vorderster Front, so natürlich auch in dieser Erzählung.

[5] Gemeint ist der Umlauf unseres Sonnensystems um das galaktische Zentrum innerhalb von 250 Millionen Erdumläufen um die Sonne.

[6] Um das gleich am Anfang klarzustellen: Es wird in den späteren heiligen Schriften ´*Seine* Schöpfung´ auf sechs aktive und einen Tag der Ruhe Bezug genommen. Nun streiten sich die Menschen vom ersten Tag an, − das könnte mit der Vertreibung aus dem *Paradies* begonnen haben,− an dem sie über ihr Dasein nachzudenken begannen oder mussten. Die einen nahmen die Berichte zu wörtlich und legten für die Zeitspanne irdische Maßstäbe an (die amerikanischen *Kreationisten* konnten sogar eine irdische Jahreszahl der Schöpfung benennen) und die anderen lachten sie deshalb aus, weil sie *Ihn* als Weltgeist zwar akzeptieren, *Ihm* aber keine Zauberei unterstellten, sondern *Seinen* Plan allen Lebens wohlgeordnet und im Einklang mit dem ´Sein´ begriffen. So gesehen liefen die unterschiedlichen Auffassungen auf dasselbe hinaus, wenn man das Koordinatensystem, also das göttliche, anpassen würde. [siehe u. a. auch: (https://www.geo.de/natur/7981-rtkl-was-ist-dran-am-kreationismus) aufg.6.8.2023, 19:00]

wertvolle belebte Schöpfungen ausgestorben sind, kritisiert. Sie gehörten ja, in irdischen Maßstäben gedacht, zur Zentrale des Universums.

Es müsse nun endlich eine nüchterne Fehleranalyse gemacht werden. Viele, – meist solche von niedrigerer Bedeutung –, haben gehöhnt, man hätte ja wenigstens die Maßstäblichkeit der Saurier beachten können.

Sie waren gekränkt: Die Saurier sollten eigentlich die Flaggschiffe der selbst organisierten Systeme werden. Aber das Warnsystem zur Selbstzerstörung hatte versagt. Die Exemplare waren zu groß, fraßen nach und nach ihre Lebensgrundlagen auf und sind schließlich jämmerlich verhungert. Ob *Er* im Zorn mit einem Meteoriten nachgeholfen hatte, wurde nie geklärt. Doch diese Drohung blieb. Es war das Damoklesschwert über allem.

Das ganze Dilemma begann, als die beiden Erzengel in jugendlichem Leichtsinn mit singulär verdichteter Materie spielten und eine riesige Explosion auslösten. Das war aller Anfang ´*Anfang*´ und die Menschen erfanden später ein wohlklingendes, doch sinnentleertes Wort, den *Urknall*, mit dem sie die zum (fast) ´*Nichts*´ verdichtete und dann explodierte Masse des Weltalls als Nullpunkt des Universums und aller dann folgenden Entwicklungsabläufe zu erklären versuchten.

Das war und blieb eine kühne Theorie. Auch ein ´*Nichts*´ benötigt einen Raum, in dem etwas verdichtet oder explodieren kann. Sie mussten aber, da sie es nicht besser wussten und ihre Zuständigkeit nur auf einen begrenzten Bereich des Universum bezogen war, diesen Urknall so nehmen, wie er allgemein verstanden wurde und alle Zweifel für sich behalten (sofern sie überhaupt welche hatten).

Im Übrigen gab es die Gewissheit, so wie sie ´*Vergangenheiten*´ bisher erlebt haben, und alle ´*Gegenwarten*´ und ´*Zukünfte*´ auch so erfahren werden, dass es dennoch niemals eine absolute Wahrheit geben wird. Aus *Seiner* Perspektive kann in der *Unendlichkeit* des *Universums* nur die *Relativität* das *Absolute* sein.

Daraus ist dann, neben anderen, auch das Sonnensystem der *Erde* entstanden. Für solche Betrachtungen fehlte damals die Zeit: In Null-Komma-Nichts flogen *Ihnen* die Brocken der explodierten Materie um die Ohren. *Er* zürnte *Ihnen* wegen *Ihres* Leichtsinns und verpflichtete *Sie*, den neuen Gravitationsraum zu kultivieren. Deshalb kam *Sein* Auftrag an *Sie* nicht von ungefähr.

Das Chaos aus Gas und Staub war aber bald geordnet. Eine unübersehbare Anzahl größerer Materiehaufen – meist kugelförmig – zog nach kurzer Zeit um die riesigen, kochend heißen Sterne, deren Energie und Hitzestrahlung unermesslich schien und alle dieser Brocken mehr oder weniger ihren Nutzen daraus zogen.

Die beiden Erzengel hatten sich nach dem Schock im wahrsten Sinne des Wortes aus dem Staub gemacht und das Durcheinander aus sicherer Entfernung beobachtet. *Sie* erkannten, dass das Glutzentrum nur in einem gehörigen Abstand nützlich sein würde. Die Grundbausteine für die Kultivierung drohten sonst zu verbrennen.

Da es nicht möglich war, die Strahlung der Energiequelle Sonne zu regulieren, suchten *Sie* nach einem Planeten, der die notwendigen Voraussetzungen für ihren Gestaltungsauftrag bot. *Ihre* Suche nach einem passenden Objekt im All erwies sich als schwierig. Oft waren zwar die Temperaturen geeignet, meist aber fehlte ein notwendiges Schutzgas, das die Schwankungen der Strahlung ausgleichen würde.

Es gab keine Vergleiche. Das Durcheinander war entweder zu groß oder die Entwicklung war schon so weit fortgeschritten, dass sich die Körper im Universum als Versuchsfeld nicht eigneten. So entschieden *Sie* sich für einen Fixstern; einer Sonne mit acht Planeten. Die Bahn eines dieser Planeten schien optimal: Weit genug vom zentralen Energiespender entfernt mit einer eigenen Atmosphäre, die die Temperaturunterschiede ausgleichen konnte. Sie nannten ihn *Erde* nach dem Stoff, den *Sie* bei ihrem ersten Besuch in unterschiedlichen Erscheinungsformen fanden und danach benannt haben.

Als der Planet *Erde* erträgliche Temperaturen angenommen hatte, erkundeten *Sie* die Bedingungen für eine Besiedlung. Kurzwellige Strahlungen aus der zentralen Energiequelle auf die Atmosphäre der ´Erde´ führte zu Stoffumwandlungen. Gasförmig gebundener Kohlenstoff wurde zu einem Grundbaustein der neuen, selbst regulierten Systeme[7].

---

[7] Die Umwandlung (Fotosynthese) von Kohlendioxid und Wasser mit Hilfe von Sonnenenergie zu energiereichen Kohlenwasserstoffen war der Ausgangspunkt allen Lebens.

Diese lebenden Modelle machten im Lernmodus beachtliche Fortschritte. Sie waren in der Lage, sich autonom zu vervollkommnen. Leider entwickelten einige von ihnen sehr nachteilige Eigenschaften, weil bei den ersten Exemplaren die Schutzsensoren gegen die Selbstzerstörung (wahrscheinlich) vergessen wurden. Diese Exemplare schlugen sich gegenseitig bei Kleinigkeiten die Köpfe ein, ohne Anzeichen von Reue oder Demut. Ähnlich – auf anderer Weise – war es vorher auch bei den Dinosaurier gewesen. Sie waren zu groß, hatten dauernd Hunger und haben, ohne es zu bemerken, das ohnehin spärliche Futterangebot aufgefressen; so zumindest war die Theorie der damaligen Geschehnisse.

Das bereitete den göttlichen Planern großes Kopfzerbrechen und *Ihre* Befürchtung, dass *Sie* bei einem des nächsten Rapports wieder ausgelacht würden, war berechtigt. Deshalb versuchte *Gabriel* den weitsichtigeren *Michael* zu überzeugen, die Primaten zur Grundlage der Schöpfung nach *Seinem* Vorbild zu machen. So könnte die *Instinktsteuerung* der Tiere aufgegeben werden. Die weitere Entwicklung müsste auf eine neue Basis gestellt werden und 'Instinkte' würden künftig durch 'Verstand' ersetzt werden. Das war aber mit der Spezies 'Tier' nicht zu erreichen. Es bedurfte also dieser neuen Qualität in der weiteren Gestaltung *Ihres* Auftrages. Aber schon damals hatte *Michael* große Zweifel, ob nicht gerade daran das Projekt scheitern könnte.

Der Konflikt

Wann ist die Entwicklung der Saurier eigentlich aus dem Ruder gelaufen?[8] Das war die Frage. *Sie* beschlossen deshalb noch einmal von vorne zu beginnen, dort wo sich alles noch im Wasser abspielte.

Das war auf den ersten Blick sehr geordnet verlaufen. Nach und nach häuften sich die Versuche der Wassertiere, aufzutauchen und direkt nach Luft zu schnappen, ohne den benötigten Sauerstoff aus dem Wasser erst umständlich über ihre Filterorgane aufzubereiten. Sie verließen das Wasser, anfangs für

---

[8] Die Zeitspanne der Saurier begann etwa vor 250 MioJ und endete vor etwa 66 MioJ. Dann kamen die Landtiere und vor 2,5 MioJ sind die ersten Menschen nachgewiesen. Die beginnende Zivilisation kann mit dem Ende der letzten Eiszeit vor etwa 12 TJ datiert werden.

kurze Zeit, später länger, und versuchten, sich durch tiefes Einatmen an den neuen Lebensraum zu gewöhnen.

So hatte sich ihr Körper-Inneres im Laufe der Zeit verändert. Sie bekamen Lungen, mit denen der Gasaustausch[9] nun direkt stattfinden konnte. Die Mutigsten lebten fortan auf dem Trockenen. Das beendete ihre Sprachlosigkeit und eröffnete völlig neue Perspektiven. Wenn sie ihre Lufteinlassöffnungen geschickt veränderten, konnten sie Töne und Laute äußern. Sie lernten auch, bestimmte Laute zu kombinieren. Das gab ihnen die Möglichkeit, sich über größere Entfernungen zu verständigen, beispielsweise, um eine paarungsbereite Nachbarin zu finden.

Bis zu diesem Punkt waren sich beide *Planer* einig: Es gab nichts auszusetzen. *Sie* beobachteten mit Freude, dass einige der Wasserbewohner ihre Flossen landgängig umgebaut hatten. Das erweiterte ihren Lebensraum beträchtlich.

Es war bekannt, dass am Anfang im ´*Garten Eden*´ paradiesische Verhältnisse geherrscht haben. *Er* hatte mit Mühe aus einem Erdklumpen − nun ja, das war die Auffassung der späteren Menschen − zuerst *Adam* geformt und aus dessen Rippe sein passendes Weib *Eva* gemacht. Doch hatte *Er* es versäumt, ihnen auch die richtigen Verhaltensregeln einzuschärfen: sich anständig zu benehmen und für ordentliche Nachkommen zu sorgen.

Eva schlug alles in den Wind, ließ sich durch die *hinterlistige Schlange* überreden, den Apfel vom ´*Baum der Erkenntnis*´ zu kosten und *Adam* zu verleiten, es ihr gleichzutun. Schlauer schienen beide damit schon geworden zu sein, aber nicht besser in ihrem Wesen. Sie erkannten plötzlich ihre Nacktheit und viele ihrer Probleme, die sie täglich miteinander hatten. Deshalb setzte *Er* sie kurzerhand

---

[9] Der Gasaustausch erfolgt bei Säugetieren über das Blut in den Adern. Die innere Auskleidung der Lungen besteht aus einem Geflecht von Lungenbläschen, die den Sauerstoff aus der eingeatmete Luft filtern und an ein besonderes Protein, das Hämoglobin, das zu 90 % das Blutvolumen bestimmt, binden. Das Sauerstoff transportierende Hämoglobin (Proxy-Hämoglobin) spielt eine wichtige Rolle für das Leben und die Gesundheit der Individuen. Die Mediziner stellen bei Patienten zur Beurteilung des Gesundheitszustands einen Grenzwert für das Hämoglobin fest.

an die ´Frische Luft´ und überließ sie ihren Sorgen und Nöten. Die gaben sie an ihre Kinder und Kindes-Kinder weiter, bis heute.

Bei den Menschen zogen nun Neid und Zwietracht ein. Sie sahen das vermeintlich Bessere der anderen und waren nicht mehr fähig, mit sich und den Seinen Frieden zu finden.

Eigentlich steckte mehr dahinter und die späteren Religionen hatten unterschiedliche Deutungen von ´Gut und Böse´. Der Koran[10] berichtet von den Dschinnen[11], die neben den Menschen unsichtbar leben, wie die Engel.

Nach Seinem Willen sollten alle von Ihm geschaffenen Wesen mit einem gehörigen Maß an Vernunft ausgestattet werden. Sie sollten in freier Entscheidung den rechten Weg des Guten − von Weisheit und Gerechtigkeit − beschreiten oder sich abwenden, um dann zum Teufel zu werden, was einer pragmatischen Auslegung von ´Jeder ist seines Glückes Schmied´ entsprach.

So erging es Iblis[12], dem höchsten Dschinn. Er weigerte sich, Seiner Bitte nachzukommen, sich vor Adam, Seinem Werk, in Ehrfurcht zu verneigen. Deshalb wurde er aus dem Himmel verbannt. Adam sei nur aus einem Klumpen Erde erschaffen, er, Iblis, sei aber aus edlem Feuer.

Er ließ sich auf einen Handel mit Iblis ein, der ihm bis zum Jüngsten Gericht beweisen wollte, dass Seine Menschen-Schöpfung nicht vollkommen ist, denn

---

[10] Der Koran ist − eingedeutscht − die in Hocharabisch verfasste Heilige Schrift des Islam. Nach dem Glauben der Muslime ist es die Offenbarung Gottes (Allah) an den Propheten Mohammed.

[11] Dschinnen, Plural von Dschinn, aus dem Dschinn-Glaube des vorislamischen Arabien und Islam; mystisches Wesen im Islam, erschaffen aus rauchlosem Feuer mit Verstand, lebt unsichtbar (in Ausnahmen sichtbar) mit den Menschen, Teufeln und Engeln. Siehe auch:
[(https://de.wikipedia.org/wiki/Dschinn#Aussagen_im_Koran_und_Auslegung), aufg.29.12.22]

[12] Im Islam ist der Dschinn der Feind der Menschen; er ist der Verehrer von Gott, würdigt aber nicht dessen Geschöpfe, die Menschen; siehe auch: [(https://de.wikipedia.org/wiki/Iblis), aufg. 29.12.22]

es würde ihm, *Iblis*, gelingen in dieser Frist die Menschen zum ´*Bösen*´ zu verführen. So blieb es zu allen Zeiten der Menschheitsentwicklung und das ´*Böse*´ war für sie immer eine ´*Versuchung*´.

Jetzt muss es gelingen

Die beiden Chefengel waren Zeugen des Unterganges der Saurier. *Er* vernichtete die Palette der laufenden, schwimmenden und fliegenden Exemplare. Sie würden sich gegenseitig ausrotten hatte *Er* getobt, und diesen Entwicklungszweig abgebrochen. Es müsse noch einmal von vorne begonnen werden, ordnete *Er* an. *Sie* mögen sich nun auch aller Gefühlsduselei enthalten und *Seinen* Auftrag erfüllen: Die Krönung *Seiner* Schöpfung mit einem vernünftigen Lebewesen zu vollenden, als die Sachwalter des Paradieses ´*Erde*´. Und im Übrigen sei das die letzte Chance für die *Erde*. Das Verfahren ´*try and order*´ könne nicht beliebig verlängert werden. Dann sei eben ein anderer Planet zu finden.

Was aber sonst an Planeten noch um diese Sonne kreiste, schien für das Projekt ungeeignet. Da war die *Erde* schon optimal: weit genug entfernt von der Sonne, um Brennbares nicht gleich in Flammen aufgehen zu lassen, doch immer noch nahe genug für angenehme Temperaturen.

Es herrschten ideale Bedingungen. Die Drehung der *Erde* um ihre Achse benötigte nur eine kurze Zeit. Im Strahlungsschatten der Sonne sind die Umgebungstemperaturen nur unwesentlich gesunken. Den Sauerstoff bekam die *Erde*, wenn irgendwo im All eine Sonne zur Supernova wurde und ihren Geist aufgab. Die spie dann im Sterben einen riesigen Elemente-Cocktail aus, den auch die *Erde* mit ihrem Magnetfeld einfing[13].

Dabei erwiesen sich die Sauerstoffatome als besonders kontaktfreudig. Zwei Wasserstoffatome und ein Sauerstoffatom verbanden sich zu Wasser (H_2O). Wasser war ideal und bei jeder Temperatur nützlich: Als Eis zur Kühlung, bei normalen Temperaturen zum Trinken und gasförmig als Regenwolke zum

---

[13] Nach der Theorie der Nukleosynthese werden durch atomare Prozesse beispielsweise durch eine Supernova alle Elemente, beginnend beim leichtesten Element Helium bis zu den schwersten gebildet und interstellar verbreitet. Dies trifft weitestgehend auch für die Erde zu.

Wassertransport in ferne Regionen. Und wenn sich zwei Sauerstoffatome fanden und vereinigten, wurden sie in der Atmosphäre zum Schutzschild (Ozon: H_2O_2)[14] gegen schädliche ultraviolette Sonnenstrahlungen.

Die göttlichen Planer nutzten das Wasser als Basis für ihr Projekt *Leben*. Das Prinzip der Zelle war bisher erfolgreich getestet und sollte auch für die *Krönung der Schöpfung* eingesetzt werden. Wasser benötigten sie als Stützflüssigkeit zur Stabilität der kleinsten Zellbausteine. Mit kleinen wärmespendenden Energiequellen oder mit einem *Frostschutz im Inneren der Zellen* waren die Organismen auch unter winterlichen Bedingungen lebensfähig (von -15°C bis maximal +12°).[15] Der Gletscherfloh[16] ist einer der härtesten Vertreter in der Gletscherwelt der Alpen, den Cerutti[17] eindrucksvoll beschreibt. Er gehört zu den *Springschwänzen*, die bei Gefahr von Fressfeinden dank einer federgleichen Sprunggabel unter ihrem Bauch bis zu 20 hochspringen können.

Vor den Kollegen aus dem All, vor allem *Raphael*, der für die medizinischen Belange zuständig war und vor *Uriel*, der immer ein bisschen im Schatten der drei anderen stand und als *Erleuchteter* galt, brauchten *Sie* nicht hinter dem Berg zu halten. *Sie* waren einander gute Berater. Aber vor *Ihm* war Vorsicht geboten. *Er* war schließlich der Chef und sah es nicht gerne, wenn *Seine* Helfer sich mit *Ihren* Leistungen hervortaten.

---

[14] Ozon gehört zu den Spurengasen in der Atmosphäre, in 20-30 km Höhe bildet Ozon in der Atmosphäre einen natürlichen Schutzschild für die Erde gegen die Ultraviolettstrahlung der Sonne.

[15] Einige Pflanzen stellen ihren Stoffwechsel bei tiefen Temperaturen um und produzieren das Frostschutzmittel *Glycerin*.

[16] Der Geologe Édouard Desor entdeckte 1839 den Gletscherfloh auf dem Gornergletscher in den Alpen (nach Cerutti, siehe nächste Fußnote), siehe auch [(https://de.wikipedia.org/wiki/Gletscherfloh) 19.2.2025].

[17] Cerutti, Herbert; Überlebensstrategien – Kältekünstler; in *Weltwoche Grün* Nr. 7.25, S.5

Leider waren einige der ersten, einigermaßen vernunftbegabten Lebewesen zu übermütig und hatten versucht, bei Babel einen riesigen Turm[18] zu errichten. Sie wollten es *Ihm* gleichtun. Aber das missfiel *Ihm*. *Er* warf ihnen das Bauwerk zornig über den Haufen und brachte die Menschen so durcheinander, dass sie sich untereinander nicht mehr verstehen konnten. Das hatte sich zwar nach und nach gegeben, weil es pfiffige Typen gab, die die Sprachen der Verwirrten erlernten. Doch sorgte diese göttliche Lehre lange Zeit für Ordnung und Disziplin unter den Menschen.

Michael, der Ordnungsliebende, begann alle Lebewesen zu katalogisieren. *Er* konzentrierte sich auf die Primaten und beabsichtigte aus den am weitesten entwickelten Exemplaren den Homo Sapiens[19] zu erschaffen. Der Verstand und die Fähigkeit zum vernünftigen Umgang mit der Umwelt würde der entscheidende Unterschied zu den Tieren sein.

Bald aber zeigten sich Abartigkeiten, die berechtigte Zweifel an der erhofften Vollkommenheit aufkommen ließen. Hier, so waren *Sie* sich einig, musste irgendwo etwas schief gelaufen sein.

Für die wasser- und für die luftgebundenen Entwicklungslinien der Tiere hatten *Sie* die externe Reproduktion der Abkömmlinge außerhalb des Mutterleibes vorgesehen. Bei den landgebundenen Modellen war es besser, die Nachkommen im Körper der Weibchen zu entwickeln und sie dann im Stadium einer Mindestreife durch einen Geburtsvorgang in die Welt zu entlassen. Die Jungen müssten dann sehen, wie sie klarkommen und ob sie das Erwachsenenalter überhaupt erreichten. Das funktionierte (im Allgemeinen) nach einer einfachen Regel: Je größer das Exemplar, umso länger war die Fürsorge der Eltern erforderlich, soweit sie überhaupt zusammenblieben.

---

[18] Wer es genauer wissen will, kann im Alten Testament, 1.Buch Moses, Genesis, Kap.11:4 nachlesen. Siehe auch: [(https://de.wikipedia.org/wiki/Turmbau_zu_Babel), aufg. 29.12.22]

[19] Siehe auch [https://cdn.britannica.com/53/80453-050-F41D0E59/Sites-Homo-heidelbergensis-sapiens-Africa-Asia-Europe.jpg]

Die Weibchen trugen in ihrem Körper die Grundkeimlinge, die Eier. Die Männchen, mussten ihre Keimzellen, die Spermien so direkt wie möglich platzieren. Eine erfolgreiche Fortpflanzung funktioniert aber nur in der Verschmelzung mit der *gleichen* Art. Das hatten die göttlichen Planer in weiser Voraussicht so festgelegt, weil es sonst zu den kuriosesten Kombinationen kommen würde; nun, nicht gerade Hund und Elefant, was schon von den Größenunterschieden absurd wäre, aber Schaf mit Schwein, das wäre theoretisch schon denkbar.

Wenn sich aber *alle* Lebewesen mit *allen* paaren könnten, würde das über den langen Zeitraum der weiteren Entwicklung zu einem *Chaos* führen. Die unterschiedlichen Arten würden über Millionen Jahre zu einem ´Einheitswesen´ verschmelzen und alle Bemühungen für eine Artenvielfalt wären sinnlos. Die Logik der Schöpfung besteht darin, dass jedes Lebewesen in der Erdbesiedelung seinen bestimmten Platz hat, schon wegen der lebensnotwendigen Nahrung. Das hatten die ´Entwickler´ nach *Seinem* Auftrag bis ins Kleinste abzustimmen. ´Groß frisst Klein´ war leider der unvermeidbare Kompromiss, doch in der Gewissheit, dass immer ein ausreichender Bestand jeder Art zu deren Fortentwicklung bestehen bleibt.

Natürlich hatten die Chefengel dazu im Kollegenkreis heftige Debatten geführt und sich harte Kritiken anhören müssen. *Ihr* entschuldigendes Gegenargument, dass ja ´Adam und Eva´ wegen ihres ungebührlichen Verhaltens aus dem Paradies geworfen wurden, zog nicht. Aber eine verträgliche Alternative zur teilweise grausamem Nahrungsreihung ´Groß frisst Klein´ vorzuschlagen, blieben sie schuldig.

Man könne ja die Nahrung ´vegetarisieren´, haben einige fast kleinlaut angemerkt. Die Prognostiker für das medizinische Design verwiesen aber auf die notwendigen Eiweiße zum Erhalt und den Aufbau der Zellen, den Grundbausteinen des Lebens (beachte Fußnoten 20 und 21 zum Problem Eiweiße auf der nächsten Seite).

Für einige Grenzfälle der Fortpflanzung hatten *Michael* und *Gabriel* aber dann doch einige Bremsen eingebaut. Wenn sich zum Beispiel Pferde mit Esel paaren, werden ´Maultiere´ geboren, die dann (mit wenigen Ausnahmen) unfruchtbar sind. So werden also aus der Art geschlagene Liebesabenteuer ´im Keim erstickt´, was man allerdings bei den späteren Homo Sapiens hätte erhalten sollen. (Beachte die Fußnoten zu ´Eiweißen´ auf dieser Seite)[20, 21]

Interessant seien aber die Planungen bei den Bienenvölkern, dozierte *Michael*. »*Es gibt im Volk jeweils nur eine Königin. Sie ist wesentlich größer als die normalen weiblichen [Arbeits-]Bienen. Nur sie hat die Eier für den Nachwuchs in ihrem Körper. Ihr Hinterleib ist deshalb, fast unansehnlich groß. Ihre Befruchtung besorgen die [männlichen] Drohnen. Das ist deren einzige Aufgabe(!). Die müssen sie etwas unbequem im Flug (!) mit der ebenfalls fliegenden Königin erledigen. Wenn sie das geschafft haben, sind sie fürderhin nutzlos.*«

´Fürderhin nutzlos´ ist nur die halbe Wahrheit: Nach der Rückkehr der Drohnen vom Hochzeitsflug wird ihnen der Zugang zum Bienenstock verwehrt. Die dort postierten Wächterbienen töten sie. Diesen Brudermord verschwieg *Michael*. *Er* lenkte den Vortrag geschickt auf das unverfänglichere Thema der hervorragenden inneren Organisation eines Bienenvolkes und meinte sogar, dass das ein gelungenes Beispiel der Schöpfung sei, was Gabriel (nur für sich) in Zweifel zog. Hören *(WIR)*, was Michael weiter ausführte:

---

[20] Die Wissenschaftler schien nicht auf dem später dann allgemein wissenschaftlich anerkannten Stand der Erkenntnisse gewesen zu sein, insbesondere deshalb, weil es durchaus unterschiedliche Proteine gibt, die *pflanzlichen* und die *tierischen* Eiweiße (Proteine). Daraus entwickelt sich ein Streit zu grundsätzlichen Auffassungen in der Nahrungskette, insbesondere zu den Besonderheiten, die durch tierische, die Fleischnahrung und die pflanzlichen Eiweiße wissenschaftlich für den Einfluss auf die komplexe Entwicklung der Lebewesen untersucht wurden und weiterhin werden. Siehe dazu auch [(https://de.wikipedia.org/wiki/Protein), 18. Februar 2023]);

[21] Redox-Proteomik: Von Proteinmodifikationen bis hin zu zellulären Dysfunktionen und Krankheiten. Von Isabella Dalle-Donne, Andrea Scaloni, A. Allan Butterfield (Hrsg.). Mass-Spectrometry-Reviews, Bd. 33, Ausgabe 1, Sonderausgabe zu Redox-Proteomik Teil 1, Seite 1-6, Januar/Februar 2014 [(https://doi.org/10.1002/pmic.200690146), 18. Februar 2023]

»*Ein Bienenvolk versieht seine ´(nationalen) Angehörigen´ mit einer speziellen Duft-marke, einem riechbaren Personalausweis. Der wird vor dem Zugang zum Bienenstock von den Wächterbienen bei allen im ´Außendienst´ tätigen und zurückkommenden Bie-nen kontrolliert. Der Einflug für Berechtigte ist unproblematisch, denn die Kontrolle der Wächterbienen beschränkt sich praktisch nur auf ein tiefes Durchatmen bei den An-kommenden. Für die Drohnen allerdings, die den Bienenstock nur zum Hochzeitsflug mit der Königin verlassen und nach dem anstrengenden Zeugungsakt – der Königin flie-gend hinterhergehastet zu sein – dann erschöpft in den heimatlichen Stock zurückkehren wollen, endet das irdisches Dasein – zwar nach den Gesetzen der Bienenvölker korrekt –, aber, wie man an der Einflugöffnung beobachten kann, sehr herzlos. Manchmal müs-sen die Türsteher dem Töten nachhelfen.*«

[(wIR) Das war die etwas geschönte grausame Wirklichkeit zum Bruder-mord. Man hat sie – die Drohnen – offensichtlich nicht unterrichtet, was passiert, wenn alle Bienenmänner des Bienenstocks wie eine wilde Horde der ausfliegenden Königin hinterherhetzen, sich mit ihr im Flug vergnügen und nach der Rückkehr verstoßen werden.]

Im Bienenvolk gibt es also nach diesem Hochzeitsflug eine glückliche Köni-gin mit vielen befruchteten Eiern im Leib, aber *ohne Männer im Haus*. Sie sorgt für die Brut und die Aufzucht der nächsten Generation, die durch die weibli-chen Arbeitsbienen gefüttert und versorgt wird.

Diese Aufgabe hatten und haben die männlichen Bienen nie. Sie können es auch nicht, denn die Planer haben ihnen im Design ihrer Gliedmaßen nicht die notwendigen Voraussetzungen zum Pollensammeln, also einer geregelten Arbeit zugedacht[22]. Was sich die Planer dabei vorgestellt haben, ist schwer zu verstehen; nicht auszudenken, wenn *Sie* das in die Evolutionslinie der Homo Sapiens eingebaut hätten[23].

Bei näherem Betrachten ist das zwar eine gute Idee zum Überleben eines ganzen Bienenvolkes – wenigstens für eine Generation –, wenn die gekrönte Königin, auf welche Weise auch immer, ums Leben kommt. Dann wird eine der normalen Arbeitsbienen *erwählt* und durch eine spezielle, sehr gehaltvolle ´*Königsnahrung*´, dem Gelée Royale[24] (hoch- und groß-)gefüttert. Dies befähigt die Ersatzkönigin mit (fast) allen Aufgaben, die biologische Rolle der alten Königin zu übernehmen. Ihr Körper wächst, bekommt einen voluminösen, mit Eiern gefüllten Hinterleib, die sie, wie sonst auch, in die Zellen der Waben legt.

Nun stehen aber jetzt für einen Hochzeitsflug dieser hochgepäppelten Ersatzkönigin keine Drohnen [Bienenmänner] mehr zur Verfügung[25]. Die Drohnen wurden ja nach dem vorangegangenen Hochzeitsflug mit der natürlichen Königin des Bienenvolks verstoßen und getötet[26].

---

[22] Es fehlen die feinen Flimmerhaare, an denen der abgestreifte Pollen als Honiggrundlage an den Bienenbeinen hängen bleibt. Das macht die Drohnen von Geburt an zu royalen Sexsklaven mit einem vorbestimmten Ende. Und da es mehren von ihnen gelingt, die Königin zu begatten (korrekt eigentlich zu bedrohnen), werden auch eine Vielzahl genetischer Eigenschaften jeder einzelner dieser erfolgreichen Drohnen weitergegeben.

[23] Manchmal scheint es aber, dass bei den modernen Menschen einige dieser versprengten Gene im Selbstbewusstsein der Männer erhalten geblieben sind.

[24] Ein besonderer Ernährungssaft, der von den Honigbienen in deren Futterdrüse erzeugt wird, mit besonderen Ingredienzien versehen, zur ausschließlichen Ernährung der Weisel-Larven (Bienenköniginnen-Larven) dient. (Eberhardt, 2013) [(https://die-honigmacher.de/kurs1/seite_14200.html); 19.3.2023]

[25] Diesen, von der Ersatzkönigin gelegten (tauben) Eier entschlüpfen allerdings ausschließlich Drohnen. Das Volk wird ´*drohnenbrütig*´. Es ist dem Untergang geweiht, wenn nicht vom Imker eine fremde einzelne Jungenkönigin – die man heute nun auch kaufen kann– in den Bienenstock eingesetzt wird. Spezialisierte Imker haben sich auf diese Hilfs- und Ersatzlösungen sterbender Bienenvölker eingestellt.

[26] Schon ´mal nachgedacht, was das für die Homo Sapiens bedeutet hätte?

Aber daraus zu schließen, dass zu viele nutzlose Männer in einem Volk zu dessen Untergang führen, ist zu kurz gedacht. Vielleicht war es das Kalkül der Planer: Es kann ja ´irgendwo da draußen´ eine einsame Königin geben, der die Drohnen (zum Heiraten) fehlen, um ein eigenes Volk zu gründen. Nur deshalb gibt es wahrscheinlich diese Variante ´drohnenbrütig´.

Michael [27] hatte sich mit den Besonderheiten der Bienen etwas zu sehr verbreitet. *Er* betrachtete das aber vor dem hochkarätigen Gremium als eine wichtige Attitüde *Ihrer* planerischen Arbeit. Deshalb verwies er am Schluss auf eine eigentümliche Spielart der Evolution, ein Kuriosum, das er als selbstkritische Frage verstanden wissen wollte.

Diese im Folgenden beschriebene Eigentümlichkeit hatte sich unbemerkt in den genetischen Pool eingeschlichen: Die elegante Gottesanbeterin (mantis religiosa) frisst – bisweilen, während des Kopulierens (!) – ihr noch aktives Männchen, beim Kopf beginnend, auf. Wer sich das ausgedacht hatte, konnte nicht mehr herausgefunden werden, bedauerte *Michael*. Deshalb müsse man künftig sehr darauf achten, dass solche Entartungen nicht in die Entwicklungsreihe des Homo Sapiens gerieten. Jemanden ´zum Fressen gerne zu haben´ bekäme eine grausame Bedeutung. Man habe schon große Anstrengungen unternehmen müssen, den Kannibalismus, der hin und wieder auch bei den Menschen aufgetreten ist, zu beseitigen.

Es gab mehrere solcher Evolutions-Fallen, die die Planer verhindern konnten. Es ließ sich aber leider nicht beweisen, dass möglicherweise *Iblis* solche Ideen im Schilde führte. *Iblis* (´er´) hatte *Ihm* sehr früh eine Wette angeboten, dass ´er´, *Iblis*, zwar GOTT verehre, aber *nicht seine Geschöpfe, die ´er´ zum Bösen verführen könne.*

---

[27] Thomas D. Seeley; Honigbienen: im Mikrokosmos des Bienenstocks; aus dem amerikanischen Uwe Döring; fachliche Beratung: Jürgen Tautz; Birkhäuser Verlag Basel, Boston, Berlin; 368 Seiten; ISBN 97837643560 65

Nachkommen

Während der Reifezeit der Nachkommen bekamen die Weibchen oft körperliche Probleme. Deshalb neigten sie zu Verweigerungshaltungen. *Gabriel* empfahl deshalb die Sensoren der Körperregionen, in denen die Verschmelzung stattfindet, sensibler auszulegen. Durch eine Reizüberflutung würde die Ad-hoc-Abwehr ausgeschaltet und im Idealfall sogar das Bewusstsein der Weibchen etwas getrübt werden. *´La petit mort´*[28] wäre die Lösung. Auch hier war das Prinzip einfach: *´Je geringer die Instinktsteuerung und je höher der Verstand, umso stärker war die Sensibilisierung auszulegen´.*

Bei den *Wassertieren* musste das System etwas geändert werden. Obwohl sich im Wasser durch Verstecke etliche Schutzmöglichkeiten ergeben haben, war die Ausfallquote der Nachkommen, insbesondere bei den kleineren Exemplaren sehr hoch. Das Prinzip der Nahrungskette *´Groß frisst Klein´* erwies sich als nachteilig.

Nach einigen Beobachtungen schlugen deshalb die Planer vor, die Anzahl der Gründungskeime je Lebewesen zu erhöhen, um der Gefahr des erneuten Aussterbens zu begegnen. Da für die befruchteten Zellen keine Fürsorge möglich war, musste mit hohen Verlusten gerechnet werden. Außerdem hatten die Weibchen mit sich und dem Schutz vor größeren Rivalen zu tun. Es konnte deshalb auch nicht das später entwickelte Verfahren von *´Partnerschaften´* zwischen Weibchen und Männchen angewendet werden. Eine solche ständige Nähe war im Wasser und unter Berücksichtigung der bereits aufgezeigten Gefahren nicht zu organisieren und auch nicht nötig.

Das Verfahren der Befruchtung vollzog sich recht unkompliziert: Die Weibchen legten ihre Fruchtzellen in größeren Eierwolken oder Ei-Strängen im Wasser ab und die Männchen gossen ihre Spermien als Milch darüber. Alles andere ergab sich von selbst. Auf die Risiken dieses Vermehrungsprozederes hatten die Planer hingewiesen, dann aber mit Rücksicht auf andere Modellreihen, die die energiereiche Kost der Keimlinge benötigten, auf den Massenfaktor gesetzt. Das erwies sich auf lange Sicht als hinnehmbar und ausgewogen.

---

[28] Franz.: *Der kleine Tod*; Umschreibung für Orgasmus

Freilich war das bei den sehr großen wassergebundenen Exemplaren, wie bei den Walfischen, in dieser Form nicht aufrechtzuerhalten und man musste sich auch dort auf das System einer körpergebundenen Reife der Jungtiere einlassen. Das hatte zur Folge, dass zwar schon bei der Geburt deren fast volle Funktionstüchtigkeit außerhalb des Körpers der Weibchen gegeben war, jedoch zur Ernährung eine direkte Bindung zur Mutter erforderlich wurde.

Für die *Vögel* war zum Schutz der Küken und zur Artenerhaltung der Nachkommen die Mobilität sowohl der Weibchen als auch der Männchen zu gewährleisten. Auch hier war es erforderlich, die Weibchen über den männlichen Körperkontakt zu initialisieren. Interessant dabei war die von *Michael* entwickelte Form der Keimzellen, die er mit einer dünnen, statisch sehr effizient geformten und deshalb sehr stabilen mineralischen Hülle umgab und als Ei in allen Größen Verwendung fand.

Das Ei war, wie die himmlischen Tragwerksplaner herausgefunden hatten, trotz der dünnen Schale dem Gewicht der brütenden Eltern statisch gewachsen, auch für die größten und schwersten Exemplare. Da aber die Reifung der Vogelküken in den Eiern Zeit benötigte und die Eier warmgehalten werden mussten, war eine elterliche Arbeitsteilung unumgänglich. Das Risiko der kleineren von größeren Vögeln gefressen zu werden, hielt sich in Grenzen, sodass − anders als bei den Fischen − eine erhöhte Keimlingsbereitstellung nicht erforderlich wurde.

Ob es von Vorteil wäre, wenn zwischen Weibchen und Männchen über den Zeitraum der abgeschlossenen Nachkommens-Entwicklung hinaus eine Verbindung bliebe, sollte über das Studium der instinkt- und gefühlsbezogenen Verhaltensweisen wissenschafts-empirisch erforscht werden. Bei Tauben wurde eine fast lebenslange Partnerbindung beobachtet. Deren gegenseitige Liebkosungen haben Eingang in die Sprache der Homo Sapiens gefunden. Wenn junge Leute zueinander finden, spricht man vom *Turteln*. Dies schien wichtig für die weiteren Entwicklungsabsichten der Premiumreihe. Aber dazu gab es keine Festlegung. Es sollte den Brutpaaren überlassen bleiben. So konnte man auf einfache Weise sehen, ob es sich lohnen würde, mit dieser Form der ´*partnerschaftlichen Fürsorge*´ weiter zu experimentieren.

Bei den *Landtieren* gab es erhebliche Unterschiede. In der ursprünglichen Planungskonzeption sollte die Optimierung so weit vorangetrieben werden, dass es in der höchsten Entwicklungsstufe nicht nur auf die Auseinandersetzungen mit den verschiedenen Kreaturen ankam, sondern vielmehr auf ein bewusstes Agieren: Aktionen und Reaktionen mussten im Voraus abgeschätzt werden. Es ging um den Schutz der eigenen Art und um die Fähigkeit, den eigenen Lebensraum zu entwickeln, auch, oder gerade unter den Bedingungen von Nachbarschaften mit anderen Lebewesen. Diese nachbarschaftliche Toleranz hatte ihre Grenzen und funktionierte nur, wenn zwischen den einzelnen Arten keine Abhängigkeit innerhalb ihrer Nahrungskette bestand. Verkürzt ausgedrückt: Die einzelnen Arten mussten ohne Risiko gefressen zu werden, nebeneinander leben können.

Bei den *Primaten* funktionierte die eigene Nahrungsversorgung zwar komplikationslos, auch für ihre Nachkommen, aber sie waren nicht in der Lage, abstrakt zu denken, also Fantasien zu entwickeln, die sich nur im Kopf und ohne reale Bildgebung vollzogen. Den planenden Erzengeln wurde bewusst, dass die beabsichtigte Premiumreihe gemäß *Seinem* Auftrag nicht aus diesem Typus der Primaten heraus geformt werden kann. Nach ihren Recherchen waren in den Tiefen des Alls auch keine brauchbaren Prototypen zu finden. Die Möglichkeit des Klonens oder Kopierens schied also aus. Sie mussten sich wohl oder übel selbst an diese gewaltige Aufgabe machen.

Wasser und Luft

Die Menschen würden weder aus wasser- noch aus luftgebundenen Systemen heraus erschaffen werden können: Luft und Wasser waren zu unstet, um für hochkomplexe Lebewesen die notwendigen Steuerungssysteme entwickeln zu können. Außerdem boten Wasser und Luft keine ausreichenden Schutzräume. Die Lebensbedingungen auf dem Land zu untersuchen, blieb als Alternative.

Gewarnt durch die Fehlentwicklung der Dinosaurier, hatten die Planer penibel genau die Maßstäblichkeit ihrer Modelle beachtet und waren übereingekommen, dass man zunächst die kleineren und dann erst die komplizierteren Evolutionsprojekte angehen müsse. *Sie* hatten zeitig begonnen, Pflanzen zu entwickeln, die *Sie* zur Anpassung an den Nahrungsbedarf der Tiere immer wieder verändert haben.

Mit der Umstellung von pflanzlicher Ernährung auf Fleisch vollzog sich eine Zäsur. Viele Tiere mussten nun auf der Hut sein, nicht vom Nachbarn gefressen zu werden. Die Todesschreie der Attackierten beendeten leider die friedvolle Harmonie auf der *Erde*. Da solche Attacken auch innerhalb einer Tierfamilie nicht ausgeschlossen werden konnten, hatten *Sie* den ´Demutsreflex´ installiert, der bei Raufereien den Unterlegenen vor dem ´Finalen Biss´ schützte. Der zog dann den Schwanz ein, oder lief einfach davon. Dieser Selbstvernichtungsschutz war von *Ihm* bei den hoch entwickelten Tieren zwar genetisch verschlüsselt, aber nicht auf die Menschen übertragen worden. Das war ein fataler Fehler, der sich rächen sollte.

Sie hatten zwar für die Landtiere noch einige der vorhandenen urzeitlichen Elemente aus den ersten Entwicklungen verwendet und versahen sie mit *Aggressionsdämpfern*, um das Risiko der Selbstvernichtung der gleichen Art zu mindern. Beispielhaft wurden die Elefanten – besondere Tiere durch Größe und Kraft – konsequent vegetarisch initialisiert, um das mögliche Vernichtungsrisiko für die kleineren Tierarten von vornherein auszuschließen. Sie wollten bei ihnen außerdem das Verhalten beobachten, wenn größere Verbände lebenslang zusammenbleiben, und ob sich daraus ein gegenseitiger Schutz und eine soziale Verantwortung entwickeln würde, insbesondere bei den Jungen für die älteren, gebrechlichen Artgenossen.

Bei den kleineren Tieren hatte *Gabriel* auf einer Regulierung des Nahrungsangebotes gegenüber den großen Tieren bestanden. Sie mussten vermeiden, dass eine Ausgrenzung bei der Nahrungsbeschaffung – sich schon allein durch die Größenunterschiede der Tiere – zu einem neuen Existenzrisiko ausweiten könnte. *Sie* schufen deshalb besondere Prototypen, die in verschiedenen Größen abgestuft, darauf getrimmt wurden, kranke Exemplare anderer Arten als Beute zu schlagen. Bei vielen Tieren, die beispielsweise in ihrem Wesen zu ´nett´ waren, wie die Giraffen oder zu dick und zu schwer konzipiert wurden, wie die Elefanten, mussten Anpassungen im Körperbau vorgesehenen werden. Sie hätten sonst keine Chance zum Überleben gehabt.

Bei den Giraffen wurden die üblichen sieben Halswirbel so verlängert, dass sie mit dem dann meterlangen Hals die Blätter in den Baumkronen erreichen konnten und die tiefen Nahrungsangebote den kleinen kurzhalsigen Tieren blieben. Die Elefanten müssten, wenn sie wie die anderen Tiere mit ihrer Zunge Wasser und Nahrung direkt aufnehmen wollten, ihren massigen Körper qualvoll verbiegen. Da waren schon der Mehrzweckrüssel und die kräftigen Stoßzähne als nützliche Werkzeuge praktischer.

Die Planer sahen, dass bei den Fischen die Veränderung der Flossen zwar hervorragend funktioniert hatte, aber auf dem Land letztendlich vier dieser Organe für ein gutes Fortkommen notwendig wurden. In manchen Regionen hatten sich Sonderformen herausgebildet.

Einige Tiere konnten unter Zuhilfenahme ihres kräftigen Schwanzes riesige Sprünge vollführen. Das aber blieb für die Betrachter allenfalls eine Besonderheit, mehr eine Belustigung, nicht aber eine ernsthafte allgemeine Entwicklungsalternative. Und für die Menschen weitergedacht: Wo kämen wir denn da hin(!)?

Für die Evolution war abzusehen, dass diese geduckte Haltung der Vierbeiner, wenig Selbstbewusstsein zuließ, das aber − in aller Bescheidenheit − als ihr quasigöttliches Abbild unerlässlich war. Es kam also darauf an, einigen Tieren auf die Hinterbeine zu helfen und sie nicht nur zu lehren aufrecht zu stehen, sondern sich auch fortzubewegen, ohne umzufallen. Vom Ende der Entwicklung betrachtet, könnte der Verdacht entstehen, die damals sehr weit entwickelten, meist auf Bäumen lebenden Affen, seien als eine der direkten Vorstufen der Menschen zu betrachten. Was natürlich, wie sich erwiesen hat, nicht zutraf.

Evolution ist Schöpfung?

Später gab es dazu von den Hochintelligenten, aber auch von den weniger Schlauen, die unterschiedlichsten, teilweise kuriosen Vorstellungen der Entwicklungsgeschichte. Einige waren überzeugt vor etwa 5000 Jahren aus einem

Schöpfungsakt[29], aus dem Nichts wie Adam und Eva, hervorgegangen zu sein und lehnten jegliche Verwandtschaften zu den Primaten ab, was schon in der sichtbar unterschiedlichen Intelligenz begründet sei. Dies zu glauben, hielt sie aber nicht ab, mit ausgeklügelten Apparaten bis in das Weltall vorzudringen und auch wieder heil nach Hause zu kommen. Wie dem auch sei, die Chefengel wussten es besser: *Sie* hatten die wesentlichsten Entwicklungsstufen erfolgreich konzipiert und waren, wie man es später modern ausdrücken würde, ´*auf gutem Weg*´.

Sie entschlossen sich aber dennoch, die Optimierung im göttlichen Auftrag auf diesem Niveau abzubrechen und auf einem ´*Seitenast der Primaten*´ das eigentliche, angestrebte Ziel weiter zu verfolgen: Ein (fast) vollkommenes und intelligentes Wesen zu erschaffen, das die Fähigkeit besitzen würde, alle guten Erfahrungen seines Lebens bewusst zu nutzen und an seine Nachkommen zu vererben.[30]

Es kam darauf an, die Reize der Systemsensoren sinnvoll zu verknüpfen und sie zu hilfreichen Reaktionen zu verarbeiten. Das war eine Softwarefrage. Aber es gab auch ein Hardwareproblem: Die Nahrungsmittel mussten im Körper in kleinste Energiebausteine zerlegt und über das Transportsystem ´*Blut*´ an die verschiedenen Einsatzorte gebracht werden. Dies war bereits in langen Versuchsreihen bei der Tierentwicklung erfolgreich erprobt worden. Es gab Organsysteme, die sowohl pflanzliche Nahrung als auch das Fleisch getöteter Tiere verarbeiten konnten. Auch der Transport von lebensnotwendigem Sauerstoff aus der umgebenden Atmosphäre hatte sich durch die Konstruktion von semipermeablen[31] Zellstrukturen in den Lungen hervorragend bewährt.

---

[29] Kreationisten glauben an einen zeitlich bestimmten Schöpfungsakt und lehnen die Evolution nach Darwin ab, siehe u.a. [(www\\planet-wissen.de; Kreationismus-Schöpfung gegen Evolution)].

[30] siehe auch: [Neugier auf Wissen, max-wissen; http://www.max-wissen.de; Heft Biomax 12: Wie kam Homo Sapiens vom Affen los? Die Suche nach den „menschlichen" Genen; Max-Planck-Gesellschaft zur Förderung der Wissenschaften e. V., Hofgartenstraße 8, 80539 München];

[31] halbdurchlässig, oder nur für bestimmte Substanzen

Solange sich dies in vernünftigem Rahmen abspielte, gab es keine Komplikationen. Leider gehörte die ´Vernunft´, eine der erhofften, prägenden Eigenschaften für die Evolution des Menschen nie zu deren herausstechenden Qualitätsmerkmalen.

Sie lernten die Wirkung von Alkohol zunächst aus verdorbenen Äpfeln kennen und betranken sich später an selbst gefertigten berauschenden Getränken. Sie fraßen unbändig, wurden fett und zerstörten die harmonische Zusammenarbeit der einzelnen Organe ihres Körpers.

Aufrechter Gang und Design

Um die Fortbewegungsorgane für den aufrechten Gang zu gestalten, war eine Überarbeitung des gesamten Körperdesigns nötig. *Gabriel* hatte die besten Fachleute auf diesem Gebiet gebeten, geeignete Vorschläge zu machen, die *Sie* dann im größeren Kreis, auch mit Verantwortlichen von anderen Gravitationssystemen aus dem All, diskutiert haben.

Je länger *Sie* sich damit auseinandersetzten, umso mehr wurde *Ihnen* bewusst, dass es doch aufwendiger werden würde und *Sie* teilweise erheblichere Anpassungen – als im ersten Anschein angenommen – vornehmen müssten. Dies bezog sich beispielsweise auf die Bedeckung der hinteren Körperausgangsöffnung mit dem schwanzartigen Fortsatz der Wirbelsäule.

Der Schwanz störte bei den Vierbeinern bisher nicht. *Er* hatte im aufrechten Gang nun aber einen direkten Bodenkontakt, was schon rein geometrisch zu Verkrümmungen und im Laufe der Zeit auch zu schmerzhaften Abschürfungen des empfindlichen Körperteiles führte. Für den aufrechten Gang mussten wegen der notwendigen Verstärkung der Beine und deren Streckung eine Reihe neuer Muskeln und Sehnen zur Stabilisierung des Skeletts entwickelt werden. Es wurde nun nicht mehr das Gesicht auf der Kopfvorderseite, sondern auch die Bauchseite und die gesamte optische Erscheinung in die Bewertung einbezogen.

Kurz gesagt: *Sie* hatten sich für die Abschaffung des Schwanzes entschieden, das aber erforderte aus optischen Gründen die bisher verdeckten Körperausgangsöffnungen zu kaschieren, sie unsichtbar zu machen. Das gelang den Planern auf eine einfache, wie geniale Art. Sie erfanden das ´Sitzen´, eine neue Form im System der Fortbewegung. Der aufrechte Gang war im Vergleich zum bisherigen Bewegungsablauf wesentlich energieintensiver und benötigte Ruhephasen, auch um der Würde zu genügen, die mit dem *'Aufrechten Gang'* einherging. Um das Sitzen zu ermöglichen, waren kissenartige Muskel-Wülste notwendig, die beim Laufen die rückwärtige Ausgangsöffnung verdeckten. Diese Sitzkissen erlangten bei den weiblichen Homo Sapiens mit der weiteren Entwicklung einen besonderen, oft auch erotischen Status.

Ihre Nahrungsabfälle beseitigten die Homo-Primaten in Hockstellung. Das war praktisch und hinreichend ästhetisch. So verschwand mit der Zeit diese unansehnliche Partie. Einige Designer empfahlen, diese hintere Körperzone aufzuwerten und mit stimulierenden Sensoren auszustatten. Das führte jedoch zu heftigen Widersprüchen, weil sich daraus bei einigen Exemplaren unvorteilhafte Verhaltensweisen einstellen könnten. *Sie* verwarfen diese Absicht (ohne sie allerdings völlig zu ignorieren und später im Konzept *'Lust und Freude'* auch zu berücksichtigen).

Komplizierter war die vordere, der beiden Körperöffnungen, die ja bisher in einer Doppelfunktion sowohl für die flüssigen Ausscheidungen verwendet wurden als auch zur Fortpflanzung dienten. Die Expertenkommission empfahl, zunächst keine Änderungen vorzunehmen, jedoch später, wenn das abstrakte Denken bei der Mehrzahl der Homo-Primaten zum vernünftigen Handeln geführt haben würde, diese Körperpartie mit den Resten der ursprünglichen Körperbehaarung zu verdecken. Damit sollte dem Schamgefühl entsprochen werden, das *Er* als Schutz vor einer zur Schau gestellten aufreizenden Körperlichkeit festgelegt hatte.

Michael war bei der ersten Inaugenscheinnahme der aufgerichteten Primaten ziemlich erschrocken. Die Vielfalt der überwiegend hässlichen Körperformen überforderte *Ihn*. In dieser Deutlichkeit ist *Ihm* dies bei den Vierbeinern nie aufgefallen. *Er* ordnete an, in der weiteren Entwicklung die Körperoberfläche der Menschen sukzessive vom Fell zu befreien. Die dann sichtbaren Makel sollten durch Kleidung verdeckt werden.

Problematisch war die Unterscheidung zwischen den Weibchen und Männchen. Die Planer hatten zwar die speziellen Organe aus rein technischen Überlegungen unterschiedlich gestaltet, aber die Keimzellen mussten passgenau übereinstimmen. Sie durften also nur in der spezifischen Ausprägung der weiblichen oder männlichen Orientierung voneinander abweichen. Dies vollzog sich im Gehirn und musste nachträglich eingestellt werden.

Sie sahen deshalb vor, dass alle männlichen Neugeborenen mit einer *Orientierung zum Femininen* auf die Welt kamen. Erst nach wenigen Tagen sollte bei ihnen mit einem speziellen Sexualhormonstoß die Orientierung des Gehirns zum Männlichen verändert werden.[32] Die Hardware, die Organvorbereitung der Knaben wurde also mit einer, alles entscheidenden Software ergänzt. Daraus ergab sich ein gewisser Ermessensspielraum, ob nun die Neugeborenen ihrem Gehirn den Sexualhormonstoß verpassten, der sie dann auch im Kopf zum Jungen machte, oder diese Polarisierung ausblieb und das ´Weib im Manne´ verblieb.

Relativ einfach war der Umbau der vorderen Fortbewegungsorgane, weil die schon vorhandenen fingerartigen Laufflächen mit einigen unbedeutenden Mutationen zu Greifinstrumenten umgewandelt werden konnten, die ja auch schon bei den Primaten zur Sicherung der Kletterfunktionen angelegt waren. Insoweit war es eine gestalterische Optimierung, die Hände und die Finger für die normalen Lebensabläufe anzupassen.

Ein zwingendes urzeitliches Gebot galt dem Kopf. Der musste mit allen wichtigen Kontrollfunktionen möglichst weit entfernt von den Ausscheidungsöffnungen platziert werden. Im Kopf erfolgte über Rezeptoren auch die erste Kontrolle der Nahrung, die in der Nähe des Mundes und im Rachenraum angeordnet waren.

Zunächst erfolgte die Bewertung des Äußeren und des Geruchs, um die Frische der Nahrung abschätzen zu können. Dann folgte die vorsichtige Prüfung des Geschmackes, wenn erste Zerkleinerung im Mund vollzogen waren, um schließlich ganz aufgenommen, geschluckt zu werden. Nachdem durch beson-

---

[32] Nach neuesten Forschungen werden die männlichen Neugeborenen nachträglich mit einem Testosteronschub auch im Gehirn auf das Männliche programmiert und die weitere geschlechtsbezogene Entwicklung festgelegt (u.a. Judith Rauch, 21.09.2010, Bild der Wissenschaft: "Wie ein Mann gemacht wird" http://www.wissenschaft.de......WIE-EIN-MANN-GEMACHT-WIRD)

dere Essenzen der verschiedenen Funktions-Organe die physikalische und biochemische Aufspaltung erfolgte und im Körper verarbeitet wurde, verlassen die unansehnlichen Restprodukte den Köper. Das sollte täglich an speziellen, abgeschiedenen Orten geschehen.

Die Designer hatten auch zunächst geraten, die Fellbedeckung der Körper als ein Temperatur- und Wärmeregulativ zu belassen, jedoch dringend empfohlen, das schon bereits bei den Primaten ausgebildete Gesicht an der Kopfvorderseite mit der Anordnung der Augen, der Nase und des Mundes als individuelles Merkmal beizubehalten und zu verfeinern. Fellreste würden dem entgegenstehen. Auch die akustischen Sensoren sollten im hinteren Teil des Kopfes in unmittelbarer Nähe der Augen angeordnet werden, um eine synchrone optische und akustische Wahrnehmungs- und Schutzfunktion zu gewährleisten. Das ermöglichte durch die Stereoanordnung der Augen und der Ohren eine geometrisch-räumliche Einordnung des Einzelnen in die Umgebung.

Einige Designer kamen zu obskuren Vorschlägen für das Riechorgan. *Sie* hatten aus den ersten prähistorischen Entwürfen für die Gestaltung der neuzeitlichen Elefanten den Mehrzweckrüssel retten können. Das wollten *Sie* auch auf die Menschen übertragen und meinten, eine gewisse Doppelfunktion damit zu ermöglichen. Das war bei den Elefanten und den ersten Mammuts durch die enorme Schlagkraft der Rüssel und der Fähigkeit größere Gegenstände zu bewegen sehr nützlich.

Glücklicherweise gab es dazu keine Mehrheit. Vielmehr kam es aber zu erheblichen Protesten, weil allen eine gewisse Ästhetik zu erhalten, auch im Hinblick auf die teilweise missratenen Entwürfe in der Tierwelt, unerlässlich schien.

Empathie – der Goldene Schlüssel

Die Menschen langweilten sich und kamen intellektuell nicht weiter. Die beiden Planer erwogen sogar, die Entwicklung abzubrechen, natürlich nur mit *Seinem* Segen. Die ausschließliche Beschäftigung der Menschen mit der Nahrungssuche und der Fortpflanzung würde sie wieder auf das Entwicklungsniveau der Tiere sinken lassen.

Nach einigem Nachdenken fanden *Sie* heraus, dass keines *Ihrer* bisher geschaffenen Lebewesen in der Lage war, in die Zukunft zu denken oder für sich eine überlebensnotwendige Vorsorge zu treffen. Das schien der Schlüssel zu sein: Die Menschen sollten etwas Nützliches zustande bringen. Sie müssten in der Lage sein, eine Idee und ein Ziel zu formulieren und das auch zu erreichen. Sie sollten sich an dem Geschaffenen erfreuen und die Freude bewusst empfinden. Die Schönheit der Natur, auch des Wetters, die Wärme der Sonne und nachts die Sterne und der Mond wurden zu empfindungsbewussten Elementen.

Natürlich gab es einige Tiere, die, insbesondere in Regionen mit extremen jahreszeitlichen Wechseln, sich einen Nahrungsvorrat anlegten oder in einen totähnlichen Schlaf fielen. Das wäre für die Menschen in der von *Ihm* gewünschten hohen Lebensqualität unzumutbar. Auch die mühevolle Schiefstellung der *Erde*[33] zur Umlaufbahn um die Sonne wäre sinnlos gewesen. Sie ermöglichte erst den jahreszeitlichen Wechsel auf der *Erde* durch die unterschiedliche Sonnenbestrahlung der Oberfläche.

Diesen Kniff hatte *Michael* von einem weit entfernten Gravitationsfeld mitgebracht und für das irdische Sonnensystem veranlasst. Beide Planer hatten sich mit erfahreneren Kollegen beraten, die von Planeten im All berichteten, wo sich diese Bedingungen nie einstellen konnten, weil deren Schrägstellung versäumt wurde. Dort waren die Temperaturen entweder zu hoch oder zu niedrig. *Sie* waren deshalb froh – nach dem ganzen Durcheinander des Urknalls – die *Erde* als Experimentierfeld zu haben.

Bei den optimierten Homo-Primaten gab es intelligente und weniger schlaue Exemplare. Die Besten unter ihnen sollten gefördert werden. Es musste also ein gutes Auswahlprinzip gefunden werden. *Michael*, der Pragmatiker, schlug vor, die Fähigkeiten der Empathie zu entwickeln. Die Menschen müssten sich in gegenseitiger Fürsorge bei Krankheiten, körperlicher Schwäche oder Hunger helfen, Zuneigung zu anderen empfinden, Liebe oder Ablehnung erfahren können. Das setzte aber ein abstraktes Denken voraus, denn sie sollten das Ergebnis einer Handlung von Anfang an ermessen können.

---

[33] Die Erdachse ist bekanntlich gegen die Ebene ihrer Umlaufbahn in einem Winkel von ca. 23,5 Grad geneigt. Das ermöglicht die jahreszeitlichen Wechsel durch die unterschiedliche Sonnenbestrahlung im Laufe eines Jahresumlaufes um die Sonne.

Dafür gab es verschiedene Möglichkeiten, beispielsweise durch ein bestimmtes Nahrungsangebot die *Aggressivität* zu dämpfen, oder das *Glücksgefühl* zu erhöhen. Das liefe allerdings auf ein ständiges Medikamentieren der Menschen hinaus, was auf die Dauer nicht durchzuhalten wäre und deshalb – als nicht praktikabel – verworfen wurde.

Es gab auch den anderen Weg. Auf die Ausprägung der Intelligenz zu setzen, um das Lebensumfeld bewusster einzuschätzen und bewerten zu können. Obwohl dieser Weg einen langen Zeitraum benötigen würde, war es für *Sie,* besonders für *Gabriel,* dem Feinsinnigeren von beiden, eine Gewissheit, in kleinen Schritten zu einem hochwertigen Schöpfungsergebnis zu gelangen. Im Übrigen war es immer noch *Ihr* Ehrgeiz, *Ihm* mit der Kultivierung der *Erde* und der Erschaffung der Menschen nach *Seinem* Ebenbild zu gefallen. Dieses Verfahren schien in der Langzeitbetrachtung erfolgreich, weil sich bei einer Gruppe hochintelligenter, optimierter Primaten Mutationen zeigten. Sie sonderten sich später von den anderen ab und gingen ihre eigenen Wege.

Wenn *Er* sich ungeduldig erkundigte, wie *Sie* denn mit *Ihrer* Arbeit vorankämen, vermieden *Sie* ungehörige Reden, aber *Sie* machten *Ihm* deutlich, dass seit dem Urknall praktisch nichts passiert sei, und verglichen damit, würden diese ersten Ergebnisse der *optimierten Primaten* sehr respektabel sein.

Das beruhigte *Ihn* und *Er* ließ sie gewähren. Dennoch bestand eine Gefahr. Es war nämlich notwendig, im Körper der Optimierten eine funktionierende Organisationszentrale zu schaffen, die sowohl die motorischen als auch die abstrakten Entscheidungsprozesse und Wahrnehmungen sinnvoll zu verknüpfen hatte. Dabei sollten ästhetische Maßstäbe beachtet werden. Die Spezialisten der Körper-Designabteilung empfahlen für die äußere Ästhetik und Formgebung das geometrische Prinzip des *Goldenen Schnitts*[34] anzuwenden und für die innere Ruhe die Harmonie des Denkens zu suchen.

---

[34] Der *Goldene Schnitt* wird seit dem Altertum als ästhetisches Teilungs- und Strukturprinzip in der Kunst und Gestaltung allgemein angewendet. Als *schön* wird empfunden, wenn die Teilung eines Ganzen so erfolgt, dass das Kleinere der Teilung im gleichen Verhältnis zum Größeren steht, wie das Größere zum Ganzen.

Die ´Schönheit´ zu fühlen, sollte zum Maßstab aller Dinge werden, für *Zunei-gung* oder *Ablehnung*, für *Wohlgefallen* oder *Beklemmung*. Das aber setzte voraus, dass die Menge der für die Intelligenz zuständigen Zellen im Kopf erheblich vergrößert werden müsste. *Gabriel* empfahl die Chromosomen zu verändern. *Er* bat das Körperdesignteam die dafür wichtigsten Abschnitte auf den Chromosomen 1, 3 und 15 zu vervielfältigen[35]. Das benötigte bei höheren Lebewesen fast sieben Millionen Jahre, wurde dann aber nach dreieinhalb Millionen Jahren erheblich intensiviert, um das hochwertige komplexe System auf die menschliche Entwicklungsstufe zu trimmen.

Diese Veränderungen konnten nun auch vererbt werden. Der Effekt war bemerkenswert. Die Hirnmasse vergrößerte sich nicht nur, sondern auch die Hirnzellenstruktur wurde dichter und erlaubte, dass elektrochemische Impulse immer mehr und immer schneller in vielen 100 Millionen Neuronennetzen das Denken ermöglichten und für die Funktionsabläufe im Körper sorgten.[36]

Damit vergrößerte sich auch die Fähigkeit, nicht nur äußere Reize zu verarbeiten, wie beispielsweise das Bedürfnis, den Energiehaushalt zu stabilisieren, verletzungsbedingten Schmerzen aus dem Weg zu gehen oder – dank einer Vielzahl von Sensoren – den direkten Kontakt zwischen Frauen und Männern zu suchen, sondern auch auf hinterlistige Ideen zu kommen, die dann zur Bedrohung der Artgenossen werden könnten.

Um alle Optimierungsabläufe zu bewältigen, fürchteten die Planer, dass der Platz für die notwendige Menge hochwertiger Impulszellen im Kopf der Menschen, rein geometrisch, nicht ausreichen würde. *Gabriels* Spezialisten aus der Esoterik-Abteilung hatten nämlich mit den vorhandenen, relativ simpel beschaffenen Impulszellen einfacher Tiere und Primaten errechnet, dass für die

---

[35] Es lohnt es sich bei Wikipedia über die einzelnen Chromosomen schlau zu machen, auch über [http://www.max-wissen.de], dem Onlinedienst der Max-Planck-Gesellschaft, wird man fündig zu diesem Thema.

[36] Gabriel hatte ein Verfahren angewandt, das erst in der Jetztzeit wissenschaftlich erkannt und aufbereitet wurde. Nach der Verdoppelung der Erbinformationen einer Zelle können die entsprechenden DNA-Abschnitte an die nächste Generation weitergegeben werden; siehe auch: Horn, Florian, 2012, Biochemie des Menschen, Georg Thieme Verlag-KG, 2014

erforderliche hochkomplizierte Gehirnmasse der Menschen mehrmals das Volumen der aktuellen Schädelgröße notwendig werden würde.

Der Platz dafür stand aber im Kopf nicht zur Verfügung. Es wurde sogar erwogen, auf archaische Entwurfslösungen zurückgreifen und eine Gehirnverdoppelung, wie bei dem größten Riesensaurier, erneut anzuwenden. Dort war am Schwanzansatz eine weitere Steuerungszentrale, einem Gehirn ähnlich, angeordnet worden.

Dieser naive Vorschlag wurde in weiser Voraussicht – man muss es *Ihm* danken – mit spöttischen Bemerkungen schon im Ansatz abgelehnt. Die Prognostiker hatten vorausgesehen, dass sich später, meist die Frauen, mit der Platzierung eines zweiten Gehirns an dieser Stelle belustigen und fürchten würden. Das Gegenteil sei notwendig: Es müssten gerade dort Sensoren für das Verantwortungsbewusstsein platziert werden.

Die Erde groß gedacht

Wenn im Folgenden die *Erde* näher betrachtet wird, muss noch einmal erläutert werden, dass es trotz aller günstigen Randbedingungen im Vergleich zu anderen Angeboten im Universum auch hier einige Besonderheiten gab, die für die Kultivierung zu beachten waren. Die Wechsel von Eis- und Warmzeiten spielten dabei eine besondere Rolle. Es ist nie ganz geklärt worden, ob *Er* im Zorn – wie schon erwähnt – mit einem Meteoriten nach der *Erde* geworfen hatte und der aufgewirbelte Staub die Sonne über viele Erdumläufe so vernebelte, dass alles, mangels Wärmeeinstrahlung, vereiste und erfror.

Es kann sein, dass dies zum Untergang der *Dinosaurier*[37] führte, weil auch das Nahrungsangebot zurückging und die Tiere jämmerlich verhungerten. Was es wirklich war, wurde nie bekannt und *Er* äußerte sich dazu nicht.

Über diese Stufe waren *Sie* aber längst hinaus und hatten, gewitzt durch diese Blamage, einen hoffnungsvollen Neuanfang gewagt. *Sie* erkannten, dass sich

---

[37][(https://rodlzdf-a.akamaihd.net/dach/zdf/23/01/230101_dk_letzten_stunden_dinosaurier_tex/1/230101_dk_letzten_stunden_dinosaurier_tex_3360k_p36v15.mp4);aufg. 23.Februar]

die Umlaufbahnen der einzelnen Planeten um die Sonne, also auch die der *Erde,* nicht kreisrund, sondern in einer Ellipse vollzogen.

Die Himmelskörper beeinflussten sich durch die Anziehungskräfte je nach der Größe der im Weltall umherfliegenden Materie. Ihre Bahnen waren deshalb nicht immer geometrisch exakt. Das hatten *Sie* zwar schon erkannt, aber die Folgen nicht sorgfältig genug eingeschätzt, weil sich im Verlaufe von einigen Zehntausenden Erdumläufen auch die Entfernung zur Sonne zyklisch veränderte.[38] Die Sonnenstrahlen trafen die *Erde* auch nicht immer mit der gleichen Intensität. *Sie* beobachteten, dass das Erdklima aus der Tiefe des Alls beeinflusst wurde. Das war zwar schwierig zu beweisen, aber vieles sprach dafür, dass auch die Wolkenbildung davon abhing.[39] In der Folge kam es immer wieder zu Vereisungen, die sich in diesen Zyklen wiederholten.

Dem Klimawechsel folgten die Tiere und die ersten optimierten Primaten mit ihren Siedlungen. Es ist deshalb verständlich, dass sich die Entwicklung des Menschen in den Klimazonen vollzog, die von diesem Wechsel weitestgehend verschont wurden.

---

[38] Der serbische Mathematiker Milutin Milenkovic (1879-1958) fand heraus, dass es aufgrund der nicht idealen Erdumlaufbahn um die Sonne und der Variabilität der Erdachsenneigung zu periodischen Klimaveränderungen auf der Erde kommt. Man hat anhand von Ablagerungen in den Ozeanen der letzten Millionen Jahre festgestellt, dass es wiederkehrende Zyklen von etwa 100.000, 41.000 und etwa 23.000 Jahren gibt, in denen die Temperaturen signifikant beeinflusst werden. Siehe auch *www.britannica.com: Milutin Milanković.*

[39] *Michael* und *Gabriel* war schon damals bewusst, was später in der menschlichen Wissenschaft zunächst als Hypothese angefeindet wurde, dass sich die Galaxien um ein imaginäres Zentrum im Zeitraum von etwa 250 Millionen Jahren drehen und interstellare Partikel mit unterschiedlicher Intensität auf die einzelnen Himmelskörper treffen. Dadurch kann es mit diesen Kondensations-Keimen in der Erdatmosphäre zur Wolkenbildung und damit zur Klimabeeinflussung kommen. Siehe u.a. auch *[Nigel Calder und Hendrik Svensmark: Sterne steuern unser Klima, Patmos Verlag GmbH & Co. KG, Düsseldorf, 2008]*

Als vor 10.000 Jahren das europäische Landmassiv wieder eisfrei war, konnten sich auch die kulturellen Eigenschaften der Menschen ausprägen. So gesehen war die Vereisung ein Regulativ für die Menschwerdung. Bevor allerdings auf einige beispielhafte Zusammenhänge der menschlichen Entwicklungsetappen eingegangen wird, ist es notwendig, das zeitbezogene Koordinatensystem etwas näher zu betrachten.

Was ist eigentlich ZEIT?

…das haben die intelligentesten Menschen schon frühzeitig untersucht. Alles, was lebt, erkannten sie, hat eine Beziehung zur Sonne im ewigen Tanz von Tag und Nacht. Wer sich dabei um wen dreht, spielt keine Rolle. Alles Leben kommt scheinbar aus dem Nichts, formt nach vielen Sonnenumläufe seinen Charakter, lebt eine gewisse Zeit, sorgt für Nachkommen und wird am Ende wieder zu dem, was es am Anfang war. Das sahen *Sie* bei Tieren und Pflanzen und bei den Menschen. Es lag auf der Hand, dass die Planer diese Zyklen zum Maßstab nahmen und schlechthin als Zeit bezeichneten. Die Abläufe des ´Lebens´ bestimmten also die ´Zeit´, zunächst ganz erdbezogen, viel später dann, als sie die Weite *Seines* Reichs erkannten und dessen Unendlichkeit erforschten, veränderten sie den Maßstab und suchten andere Fixpunkte im All für das Wachsen und Werden oder Vergehen.

Selbst der nächste, markante Planet, die *Venus*, war ungeeignet, obwohl die Größe und Umlaufzeiten von etwa 225 Tagen denen der *Erde* ähnelten. Dass die Venus zwar auch um ihre Achse rotierte, aber im Drehsinn umgekehrt zu den übrigen Planeten, wäre nicht so problematisch. Die Sonne würde dann im Westen auf- und im Osten untergehen. Aber die Venus wurde während des Tages sehr heiß, bis zu 500 °C. Das konnte keiner aushalten. Alle Bausteine des Lebens würden verbrennen. So wurde die Zeit für einen vollen Erdumlauf um die Sonne als ´ein´ Jahr und der Zyklus für den Auf- und Untergang und das Wiederaufgehen der Sonne als ´ein´ Tag eingeführt. Später haben die Menschen sich auf noch kleinere Zeitspannen verständigt.

Die Menschen hatten sich Werkzeuge geschaffen, mit denen sie sehr weit hinaus in *Seine* Unendlichkeit sehen konnten. Da war die Sonne und deren zyklisches Erscheinen am Erdhorizont ungeeignet. Als sie aber erkannten, dass ein

Lichtstrahl eine messbare, wenn auch eine ungeheuer große Geschwindigkeit hat, benutzten sie ihn, um die unermesslichen Weiten im All zu bestimmen.

Da der Strahl einer Lampe, wenn man sie anknipste und stark genug ist, in einer Sekunde etwa dreihunderttausend Kilometer zurücklegt[40], hatte man einen praktischen Maßstab gefunden, der nun auch außerhalb der *Erde* angewendet werden konnte. Das galt für alle übrigen elektromagnetischen Wellen, die, würde man sie auf der *Erde* sichtbar machen, ein undurchdringliches Dickicht ergäben.

Da vor etwa vierzehneinhalb Milliarden Jahren der Urknall erfolgt sein soll, kamen erst jetzt die damals erzeugten (elektromagnetischen) Wellen auf der *Erde* an. Dagegen erschien die Entfernung von der *Erde* zur Sonne, für die ein Lichtstrahl etwa acht Minuten benötigen würde, wie die Lampe vor dem eigenen Küchenfenster.

Sein Reich vergrößerte sich ständig und hatte, wenn die menschlichen Schlauköpfe sich nicht verrechnet haben, zum Zeitpunkt dieses Berichts eine Ausdehnung von fast einhundert Milliarden Lichtjahren. Da war es nicht verwunderlich, dass es für *Ihn* schwierig wurde, den Überblick zu behalten.

Unter *Seinen* Augen vollzogen sich bisweilen fürchterliche Metzeleien. Leider konnte *Er* aus Zeitnot nur im Vorüberfahren die eine oder andere Züchtigung vornehmen, meist durch Vulkanausbrüche oder Seuchen, um diese Auswüchse einigermaßen zu begrenzen.

Die Chefengel hatten für solche Strafmaßnahmen gegen die Menschen weder eine Genehmigung noch die Kraft. Sie waren auf *Ihn* als Führungsmacht angewiesen. Die Zeit wurde nun zum Maßstab für Abläufe, die sich, wo auch immer, in konstanten Rhythmen wiederholten, ohne statisch zu verharren, denn *alles fließt.* [panta rhei].[41] Alles auf der *Erde* wurde in ein festes Gefüge gepresst, wenn etwas geschah, war das Ereignis mit anderen Abläufen vergleichbar, auch

---

[40] [natürlich kann man eine Taschenlampe nicht mehr in einer Entfernung von 300.000 km sehen.]

[41] siehe auch: H. Joachim Schlichting, *Alles fließt* [(https://www.uni-muenster.de/imperia/md/content/fachbereich_physik/didaktik_physik/alles_fliesst.pdf); aufg.26.2.24]

die einzelnen Menschen in ihrem Tun. Die ´Zeit´ wurde zum Qualitätsmaßstab. Das verursachte aber Neid und Missgunst, weil es nicht mehr darum ging, nur einen bestimmten Aufwand, eine messbare Kraftanstrengung für die Fortbewegung oder die Verbesserung einer Sache aufzubringen, also eine ´Arbeit´ zu verrichten, sondern auch noch die dafür benötigte Zeit einbezogen wurde, um die vollbrachte ´Arbeit´ als ´Leistung´ einschätzen zu können.

Die daraus erwachsende Gefahr für die Harmonie untereinander haben die Menschen zwar erkannt, aber ihre Anstrengungen der ´Trägheit des In-das-Blaue-Hineinlebens´ mit einem ´aktiven nützlich-schaffenden Leben´ zu begegnen, ist nur bedingt gelungen.

Die Ordnung ist wichtig

Nun gab es sehr unterschiedliche Sichtweisen zur Jahreseinteilung. Nicht nur auf die Länge des Jahres kam es an, sondern wie es aufgeteilt und sein Beginn bestimmt wurde. Einige versuchten die Jahre mit dem Auftreten von Wintereinbrüchen zu zählen, aber sie erkannten, dass dann das Alter der Menschen nach der Häufigkeit der Schneefälle berechnet werden müsste und die waren, wie sie auf ihren Wanderungen festgestellt hatten, nicht überall die gleichen.

Wahrscheinlich gab es viele Menschen, die nachts nicht schlafen konnten, ständig den Nachthimmel beobachteten und sich die Stellung am Himmel einiger markanter Sterne gemerkt haben. Sie stellten fest, dass diese Sterne in einer gleichbleibenden Anordnung am Himmel nach 365 Tagen und dem Viertel eines Tages immer wieder an der gleichen Stelle des Himmels erschienen sind. Mit etwas Fantasie erkannten sie in der Anordnung dieser Sterne Bilder, meist Tiere, die sich nach etwa dreißig Tagen und Nächten am Nachthimmel ablösten und das Jahr in zwölf Abschnitte, in die *Sternbilder*, unterteilten.

Es gab aber auch nicht so schlaue Menschen, die weniger dachten, aber mehr ihre Muskeln und physischen Kräfte gebrauchten. Die Schlauen wussten früher, dass es regnen, schneien oder gewittern würde, eine Frau bald ein Kind bekäme oder wie man körperliche Gebrechen lindern könne. Das waren auf lange Sicht die wirklichen ´Bestimmer´. Um ihre Gunst zu erhalten, wurden sie beschenkt und mit Vergünstigungen bedacht. Das nutzten sie aus und machten daraus eine regelmäßige Pflicht, die sich bis heute in verschiedenen Erscheinungsformen und Bezeichnungen auch als *Steuer* erhalten hat.

Einige der Begünstigten wähnten sich im Paradies zu sein, hüteten sich aber, die Fehler von Adam und Eva zu wiederholen. Leider hatte sich diese Unart so ausgebreitet, dass immer mehr für sie arbeiten mussten und die Menschen annahmen, das sei ´*Sein Wille*´ und diene zu ´*Seinem Wohlgefallen*´. Den wohl beeindruckendsten Menschen nannte das Volk *Jesus*. Ihm wurden so bedeutsame Verdienste zugerechnet, die es rechtfertigten, die Zeiteneinteilung historischer Abläufe auf seine Geburt zu beziehen: in Jahre vor und nach *Christi Geburt*.

An den Ufern des Mittelmeeres passierten bedeutende Dinge, viele davon vor dem Erscheinen von Jesus, mit dem dann als *Christus* die Geschichte der Menschheit in „vor" und „nach" seiner Geburt unterschieden wurde.

Viele kluge Menschen dachten über Grundsätzliches nach, was dann die weitere Menschheitsentwicklung prägte. Sie erkannten mathematische und naturwissenschaftliche Gesetze und lernten zu philosophieren, um im Abstrakten ihre Welt zu verstehen. Es gab kluge Menschen, die beeindruckende Zusammenhänge zur Selbsterkenntnis herausfanden, aber auch Typen, die sowohl schlau als auch verschlagen waren. Dagegen lehnte sich *Jesus aus Palästina* auf. *Er* predigte, einander zu lieben, auch seine Feinde und sich nicht zu quälen. *Er* verurteilte das Verhalten der Menschen, der Rache und Vergeltung, also das ´*Zahn um Zahn*´ (wie noch im biblischen *Alten Testament* verkündet) und behauptete sogar *Sein* Sohn zu sein.

Obwohl er für seine Milde geliebt und geachtet wurde, gab es Menschen, die um ihre Privilegien fürchteten und ihn kurzerhand als Betrüger gekreuzigt haben. Das hatte unerwartete Folgen, denn immer mehr teilten die Ansichten dieses ´*Herrn Jesus*´. Selbst die größten Raufbolde bekannten sich zu ihm. Die römischen Besatzer in Palästina fürchteten, dass aus der Anhängerschaft eine Massenbewegung werden könnte und sie dann nichts mehr zu sagen hätten. Später änderten sie ihre Taktik und machten Jesus' Lehren zur Staatsreligion.[42]

---

[42] Die sich zu Jesus bekannten, wurden als Christen verfolgt; bis am 27. Februar 380 n.Ch. das Christentum durch den oströmischen Kaiser Theodosius I. zur Staatsreligion erklärt wurde. s. a. [www. https://universal_lexikon.deacademic.com]. Siehe auch S.88 u.101 Römischer Kaiser Konstantin

Man nannte den jungen Mann, nicht nur einfach *Jesus*, sondern betrachtete ihn als ´*Gesalbten*´, als *Christos*, was als höchste Ehrung nur den Priestern, also denen, die auch vorgaben, mit *Ihm* in direkten Kontakt zu stehen, zukam. Jene Menschen, die an seine Botschaften glaubten und ihn als *Jesus Christus* verehrten, unterteilten ihre Geschichten in solche, die *vor* Christi Geburt oder *danach* stattfanden.

Das System Mensch

Er hatte den *Planern*, den beiden Erzengeln *Michael* und *Gabriel*, die *Homo-Primaten-Optimierung* für die Erde übertragen. Dass kompliziertere Einzelbetrachtungen notwendig werden würden, vom Primaten zum Homo Sapiens, *Seinem* Mensch-geplanten Ebenbild, war unvermeidbar.

Er stellte drängende Nachfragen und schien ungehalten wegen des mäßigen Fortschritts zu sein. Die beiden Planer entschieden sich deshalb, *Ihre* Zwischenergebnisse einem kleinen Expertenkreis eingeladener Fachkollegen aus dem All zu präsentieren. *Sie* benötigten eine wohlwollende externe Unterstützung.

Auf dieser Expertenberatung wurde zunächst das Mechanische der Körperkonstruktion debattiert und geprüft. Der aufrechte Gang mit den umgebauten Hinterbeinen funktionierte tadellos. Die gesamte Rückenpartie war optisch gut gelungen. Der ursprüngliche Schwanz hatte sich vollständig zurückgebildet. Das Aufbereitungssystem der Nahrung nach *Anschein*, *Geruch* und *Geschmack* funktionierte ohne Beanstandungen, auch die Kauwerkzeuge waren auf die unterschiedliche Beschaffenheit der Esswaren angepasst worden.

Schon während deren Zerkleinerung sonderten spezielle Drüsen Flüssigkeiten zur Vorverdauung ab. Aus dem so gebildeten Brei erfolgte im nachgeschalteten Magen durch eine Kombination aus verschiedenen Säuren die erste Nährstoffaufspaltung.

Über *Ihre* Konstruktion des *Magens* waren *Sie* besonders stolz, das hob *Michael* hervor. Durch die Auskleidung des inneren Magengewebes mit einer speziellen Schleimhaut erreichten *Sie*, dass die Verdauungssäfte, zwar das Fleisch in der Nahrung zerlegten, aber den Magen nicht angreifen konnten. Die chemisch vorher aufgeschlossenen, mechanisch zerkleinerten Nahrungs-Bestandteile wurden dann im nachgeschalteten Darmtrakt an den Verdauungsorganen vorbeigeführt, mit besonderen weiteren Ingredienzien der *endokrinen Drüsen*[43] angereichert, und alle Nährstoffe herausgefiltert. Der Rest verlässt dann den Körper als unansehnliche, geruchsintensive Masse.

Sie hatten auch das Problem der Fortpflanzung einigermaßen gelöst. Bei den Primaten und den übrigen Tieren wurde der Geschlechtsakt durch einen hormongesteuerten Impuls gelenkt. Schon bei den hoch entwickelten Primaten wurden aber die Instinkte durch ein bewusstes Agieren abgelöst. Sie lernten mit einer Vielzahl von Reizen das Problem ihrer Nachkommenschaft zur beiderseitigen Freude aktiver zu gestalten. Emotionale Auswahlkriterien, wie Wohlgefallen und Ausstrahlung gewannen an Bedeutung. Deshalb geschah die Fortpflanzung meist miteinander zugewandtem Gesicht. Diese Liebesposition wird später — völlig beziehungslos — als ´*Missionarsstellung*´ bezeichnet.

Weil dabei aber die Weibchen immer die Augen geschlossen hielten, musste *Michael* ironische Kommentare ertragen. *Er* konnte aber belegen, dass das eine rudimentär verbliebene Unterwerfungsgeste zur Stimulanz sei und kein weibliches Desinteresse. Wie dem auch sei. Die Weibchen waren über viele Monate mit der Ausreifung der Nachkommen befasst und in ihrem Alltag eingeschränkt.

Es war nun für sie schwierig — insbesondere in der Endphase — sich vor wilden Tieren zu verstecken, wegzulaufen oder sich auf einen Baum zu flüchten, besonders dann, wenn sie allein gelassen worden waren und niemand für ihren Unterhalt sorgte.

Als *Michael* diese Beobachtung *Gabriel* mitteilte, empfahl der, die stimulierenden Sensoren der Weibchen weiter auszubauen, also dafür zu sorgen, dass bei der Keimlingsverschmelzung möglichst keine Abwehrreaktionen erfolgten. Die Zeit der Nachwuchsreife sollte nicht als Belastung, sondern als Vorfreude empfunden werden. Auch bei den Männchen wurden Reparaturen am System

---

[43] Endokrine Drüsen gehören im Körper zum System von Organen und Drüsen, die für die Bildung von Hormonen, deren Freisetzung zur Steuerungen von Körperfunktionen eingesetzt werden. Hormone sind chemische Substanzen, die bestimmte Körperbereiche in ihrer Aktivität regulieren.

vorgenommen, sodass nicht nur die Sinnlichkeitssensoren während des Körperkontaktes den Ausschlag gaben, sondern der *Empathie-Faktor* zur Fürsorge gegenüber der Partnerin und den Nachkommen verstärkt wurde.

So war auch die Diskussion vor den Experten der verschiedenen Kultivierungsprogramme anerkennend verlaufen, wobei immer wieder betont wurde, dass zwar bemerkenswerte Erfolge bei der mechanischen Optimierung vorlägen, jedoch die abstrakten Funktionen, die sich auf die Sorge um andere Lebewesen bezögen, nachgebessert werden müssten. Dies sei wichtig gegenüber von Schutzbedürftigen. Vor allem aber sollte auf den Schutz vor einer Selbstvernichtung einzelner Arten geachtet werden. Das Risiko, bestimmte Warnungen zu übersehen, könnte in ein unmittelbares Zerstörungschaos führen.

Es sei deshalb wichtig, so berichteten einige aus Erfahrung, eine übergeordnete göttliche Aufsicht zu organisieren, die allerdings auch ernst genommen werden muss, denn eine Strafe, die nicht vollzogen wird, habe sich als unwirksam erwiesen. Auf lange Sicht sei es auch nicht damit getan, dass beispielsweise die natürlichen Witterungsunbilden als mögliche Bestrafung angedroht werde. Die Schlauesten hatten längst die Naturgesetze studiert. Am besten sei es, wenn einige *Respektable* auserkoren würden, die die Regeln vorgäben und auch wirkungsvolle Sanktionen veranlassen könnten. Man müsse zwar den Menschen sagen, dass *Er* zu jeder Zeit eingreifen könne, doch müssten sie selbst für sich und für das, was sie umgibt, verantwortlich sein.

Mit diesem Appell endete der erste Workshop. *Michael* und *Gabriel* freuten sich über diese Bestätigung, die *Sie* nach einigen Pannen dringend brauchten. *Sie* hatten schon vor diesem Kolloquium mit Betroffenheit erkannt, dass *Ihnen* die Optimierung des abstrakten Denkens der Menschen, insbesondere im emphatischen Teil des Handelns noch viel Kopfzerbrechen machen würde.

Bei *Ihren* Beobachtungen hatten *Sie* festgestellt, dass die Menschen, die ursprünglich gemeinsame Ernährungs- und Schutzfürsorge aufgegeben hatten und sich gegenseitig nicht nur die Nahrung wegnahmen, sondern auch, wenn die sinnlichen Reize der Nachbarin überwogen, übergriffig wurden. So beschlossen die Planer nun nicht mehr im bisherigen Umfang in den Optimierungsprozess einzugreifen, sondern auf die positiven Abläufe der einzelnen Modellreihen zu hoffen, von denen sie annahmen, dass die Mindestfunktionen

— gegenseitige Achtung und Respekt — die eigene Art nie infrage stellen würden, was in der nachfolgenden Grafik nach Alter und Verbreitung der Homo-Sapiens-entwicklung zu sehen ist.

Der Homo Sapiens wird mobil

Auf dem klimatisch begünstigten Landmassiv Afrikas gab es im nordöstlichen Teil üppige Gras- und Waldlandschaften, in denen sich die Primaten nicht nur wohlfühlten, sondern auch im Laufe der Zeit bemerkenswerte körperliche und geistige Fortschritte gemacht haben. Sie konnten sich zwar immer noch unbekümmert auf den Bäumen bewegen, hatten aber gelernt, eigene Werkzeuge herzustellen und für einen Nahrungsvorrat zu sorgen. Sie konnten sich einigermaßen verständigen, Freude und Leid kundtun und bekamen vom Nachbarn Zuwendung und Verständnis.

Sie gingen nun aufrecht und vererbten diese Fähigkeit an ihre Nachkommen, sodass deren Kinder und die Kindeskinder der Kindeskinder schon kurz nach der Geburt den Drang verspürten, sich ebenfalls aufzurichten.

Michael war für die Mutationen verantwortlich. Zur Sicherheit hatte *er* an verschiedenen, weit voneinander entfernten Orten separate Modellinitiativen angelegt. Im sibirischen Altaigebirges etablierte *er* eine eigenständige Menschengruppe, die die modernen Homo Sapiens nach deren Wohnort, der Denisova-Höhle[44], als ´Denisova-Menschen´[45] benannt haben (siehe folgende

---

[44] Als vor ca. 400.000 Jahren eine Gruppe der Urmenschen aus Afrika nach Norden auswanderte, kam es vor ca. 60.000 Jahren zu einer Vermischung mit den dort lebenden Neandertalern. Ein anderer Teil der ausgewanderten afrikanischen Urmenschen zog vor etwa 300.000 Jahren in Richtung Osten und siedelten dort im sibirischen Teil des heutigen Kontinents Asien. Eine weitere Gruppe zog weiter nach Osten, vermischte sich mit den Denisova-Menschen und wanderte nach Neuguinea, wo sie die heutigen Melanesier begründet haben. Sie wurden nach ihrem Fundort als Denisova-Menschen bezeichnet. Diese Population ist ausgestorben.

[45] Siehe auch[(https://de.wikipedia.org/wiki/Denisova-Mensch); 2.1.2023]

Grafik). Diese Menschen hatten schon frühzeitig die gemeinsame Entwicklungslinie des späteren modernen Menschen verlassen und lebten etwa dreißigtausend Jahre vor Christi Geburt.

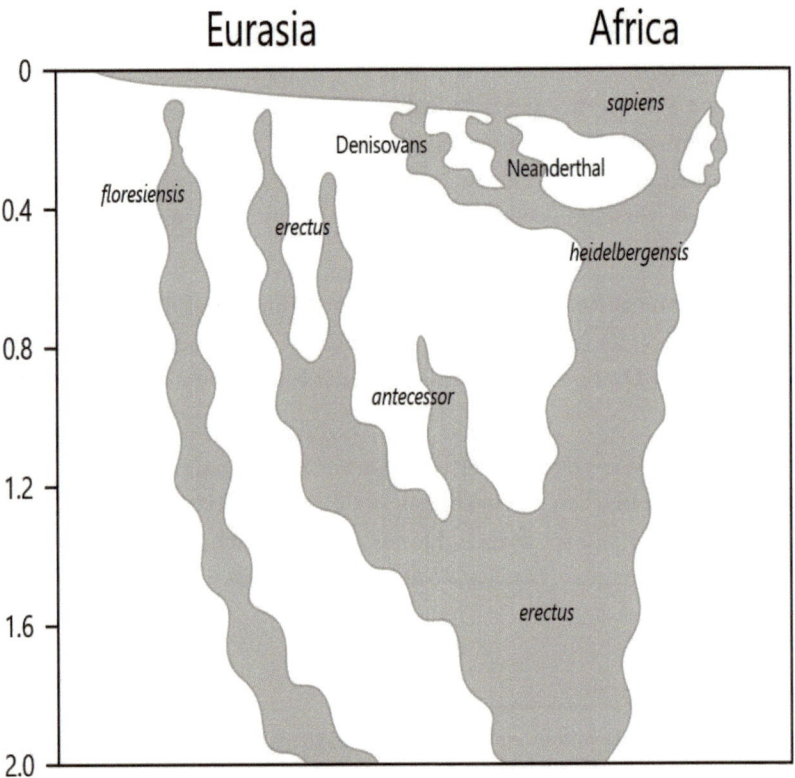

[(https://upload.wikimedia.org/wikipedia/commons/c/ca/Homo-Stammbaum%2C_Version_Stringer-en.svg); 6.3.2023, 10.30], Zahlen links in Millionen Jahren

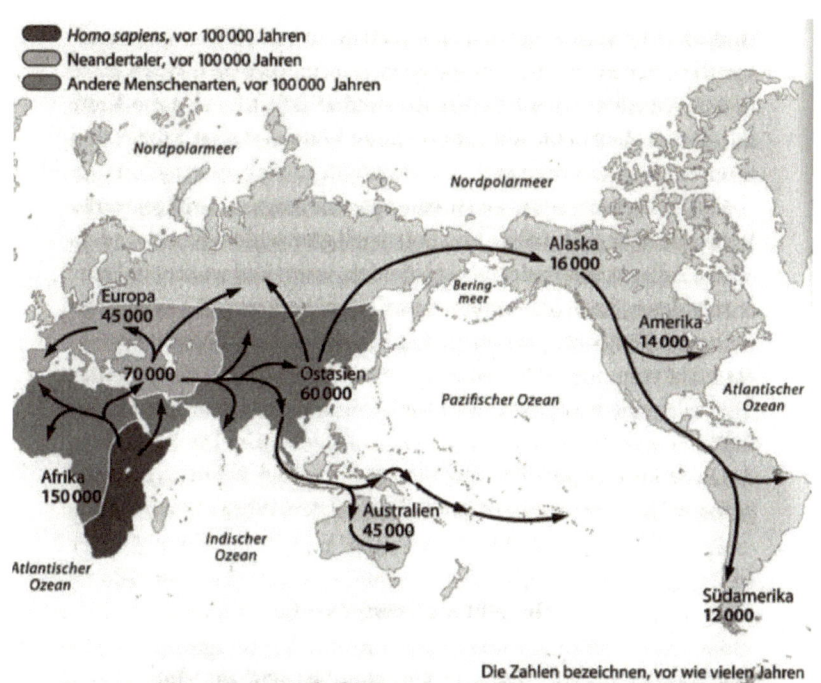

Die Zahlen bezeichnen, vor wie vielen Jahren der *Homo sapiens* dort angekommen ist.

Yuval Noah Harari; Eine kurze Geschichte der Menschheit, 14. Aufl., Verlagsgruppe Random House, Seite 24, ISBN 978-3-570-55269-8

Ähnlich verlief es bei den ´*Neandertalern*´[46] nahe dem heutigen Düsseldorf. Ihre geringe Gehirnmasse beschränkte ihre geistigen Fähigkeiten und auch ihre sonstige Pfiffigkeit. Vielleicht ging ihnen die Bevormundung vom afrikanischen Menschen auf die Nerven und sie trennten sich von ihm, um es sich im Norden gutgehen zu lassen oder einfach nur in Ruhe zu leben. Das wurde aber zur

---

[46] Siehe auch

[(https://link.springer.com/chapter/10.1007/978-3-0348-5083-4_11); 2.1.23]

Gefahr, weil sie sich nicht weiterentwickelten. Sie waren zu Sex-Muffeln geworden und auch sonst recht träge. Deshalb hatte *Michael* veranlasst, dass sich die afrikanischen Homo Sapiens nach Norden in Bewegung setzten, um dort eine soziale Aufwertung zu erreichen.

Damals lebten in der Neandertaler-Gruppe etwa dreieinhalb Tausend ´Weiber´, die von ihren ´Kerlen´ immer seltener besucht wurden. Das führte zu einer beträchtlichen Dezimierung und barg die Gefahr des Aussterbens. Als im nördlichen Europa etwa dreißig- bis vierzigtausend Jahre vor Christi Geburt eine Vergletscherung eintrat und sich alles, was Beine hat und kein wärmendes Fell, nach Süden in Sicherheit brachte, hatte wohl bei den tumben Neandertalern die Trägheit gesiegt[47]. Sie blieben und viele von ihnen sind kläglich erfroren.

Da aber zu diesem Zeitpunkt bereits die afrikanischen Menschen in diesen Raum eingewandert waren, − man nimmt an, dass bereits etwa sechshunderttausend Jahre vor Christi Geburt die erste ´Aus-Wanderung´ nach Norden erfolgte und immer wieder Nachfolgegruppen dorthin gefolgt sind −, gab es sicherlich eher zufällige Begegnungen mit den Neandertalern.

Die ´Homo Sapiens´ waren den Neandertalern in allen Dingen des täglichen Lebens, vor allem im abstrakten Denken, überlegen. Für sie waren die Neandertaler keine Artgenossen, sondern aufrecht gehende Tiere. Nur die hübschesten und schlauesten von ihnen waren attraktiv für Verbindungen mit den eingewanderten afrikanischen Menschen. Das vollzog sich im Laufe der Zeit auch mit den Denisova-Menschen.

Michael setzte auf die natürliche Auslese und sah es gelassen, wie die trägen Typen der Neandertaler ausgestorben sind. Es blieben nur noch die optimierten Neandertaler Hybriden mit den afrikanischen Einwanderern übrig. Das war zum Ende der Eiszeit, also etwa acht bis neuntausend Jahre vor Christi Geburt.

---

[47] Das scheint nach den neuesten Forschungen nicht mehr ganz so zuzutreffen. Ihre Gehirnmasse entspricht dem des modernen Homo Sapiens, sie konnten Feuer machen, sie hatten ein System sich mit Lauten zu verständigen und ein gutes Gehör. Warum sie letzten Endes verschwunden sind, weiß bis jetzt keiner. Wir sind gespannt, was die Archäologen dazu noch herausfinden.

Michael wies immer wieder darauf hin, dass durch die sexuelle Befriedigung eine erhöhte Bindungskraft erreicht werden könne. Dies müssten *Sie* bei der Primatenoptimierung beachten. Bei der Evolution der Tiere und später bei den ersten Primaten war *Ihm* aufgefallen, dass die Fortpflanzung allein durch die Weiber und deren auffälliges Verhalten nach ihrem Eisprung bestimmt wurde und von ihnen nur die stärksten Männer für die Fortpflanzung akzeptiert worden sind.

Sie beschlossen, künftig dieses Verhalten zurückzunehmen und die Sexualität nicht nur zur Fortpflanzung, sondern auch zur Partnerbindung und zur gegenseitigen Freude einzusetzen. *Sie* stellten fest, dass die Primaten mit ihren Kindern und Verwandten Freude am Zusammenleben haben. Deshalb suchten und fanden sie Plätze, wo sie länger bleiben konnten und wollten.

Nomaden werden sesshaft

In den etwa neuntausend Jahren vor Christi Geburt hatten sich die Menschen wichtige Qualitäten angeeignet, wie *Nächstenliebe, Nahrungsbevorratung, Arbeitsteilung* und der *Gebrauch von Werkzeugen*, diese Eigenschaften wurden vererbt.

Menschengruppen schlossen sich zusammen, die nicht mehr in zufälligen Höhlen oder Erdlöchern wohnten, sondern anfingen, eigene Behausungen zu errichten. Das hatte den Vorteil, dass innerhalb der Gruppe unterschiedliche Fähigkeiten der einzelnen Menschen ausgeglichen wurden, aber auch, dass sie gemeinschaftlich stark waren, wenn die Nahrung knapp wurde oder die Nachbarn ihnen ihre Frauen streitig machten.

Dass sie gegenseitig danach trachteten, sich etwas wegzunehmen was der andere hat, sie aber haben wollten, hat sich leider nie aus dem natürlichen Erbgut der Menschen beseitigen lassen. Es gab unter den Planern lange Diskussionen, ob man dieses Risiko weiter ignorieren sollte, oder sogar als natürliche Triebkraft kultivieren könne. Die Planer entschieden sich, dies zunächst zu tolerieren, weil sie auf die Vernunft der eigenbestimmten Entwicklung der Menschen vertrauten.

Nächste Seite:

Voraztekischen Ruinenstadt mit Sonnenpyramide und Totenstadt
von Teotihuacán

Teotihuacán, Sonnenpyramide,

225 x 225 m Grundfläche, 63 m hoch,

Die Stadt war ab dem 6.Jhdt.vor Chr. bewohnt, Fotos: ©Mönnig

Siehe auch: [(https://de.wikipedia.org/wiki/Teotihuac%C3%A1n)]

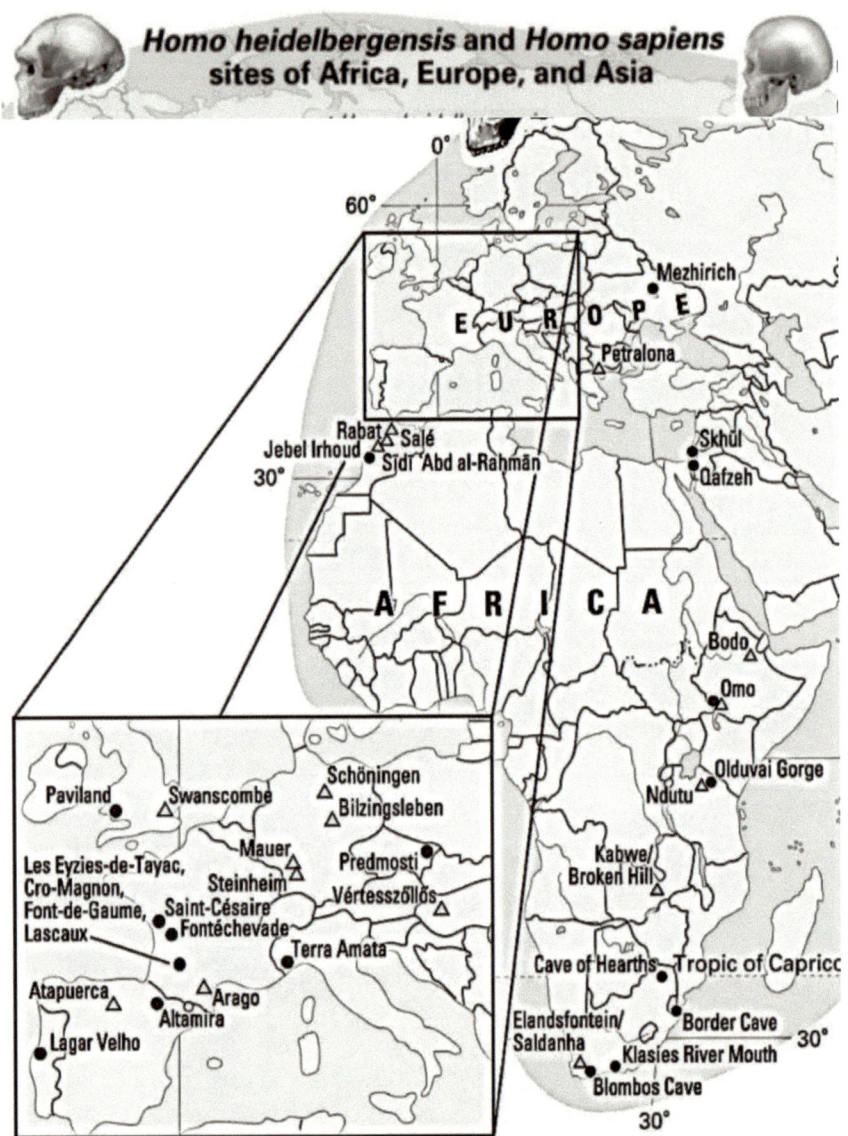

Homo heidelbergensis and **Homo sapiens** sites of Africa, Europe, and Asia

[https://cdn.britannica.com/53/80453-050-F41D0E59/Sites-Homo-heidelbergensis-sapiens-Africa-Asia-Europe.jpg], siehe Folgeseite; Bildteilung: Autor

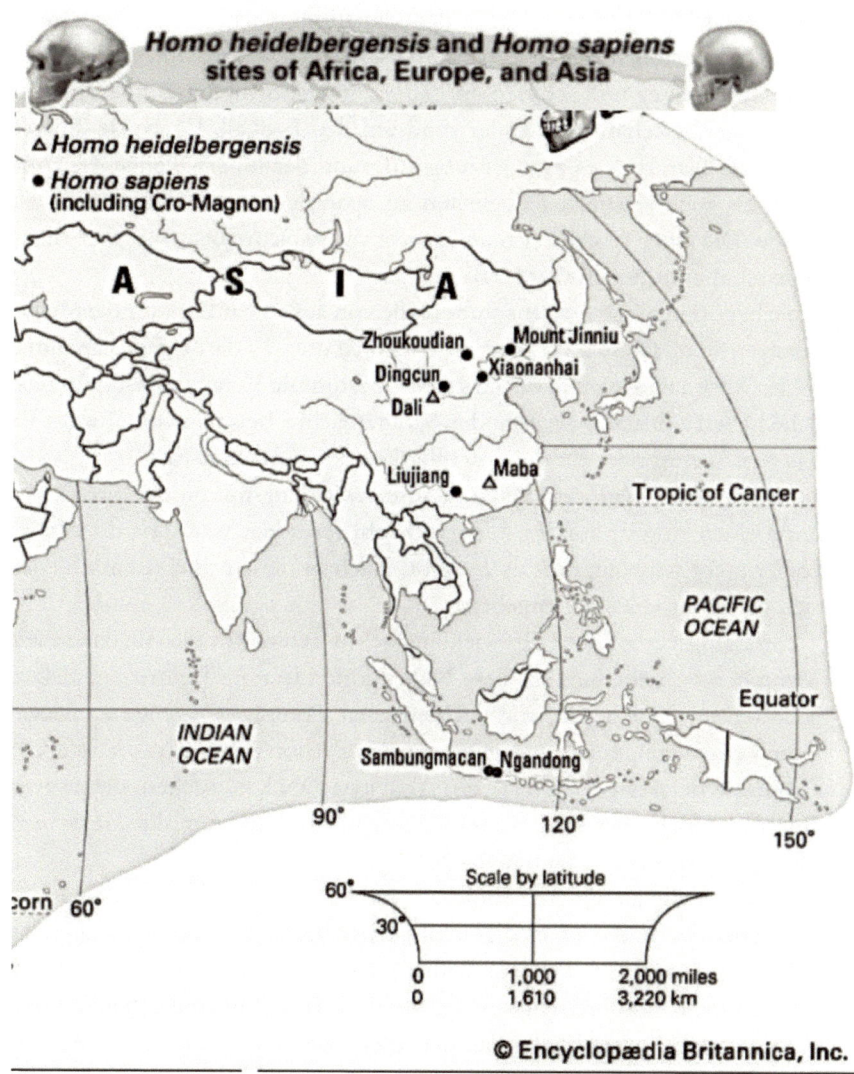

Homo heidelbergensis and Homo sapiens sites of Africa, Europe, and Asia

△ Homo heidelbergensis
● Homo sapiens (including Cro-Magnon)

[https://cdn.britannica.com/53/80453-050-F41D0E59/Sites-Homo-heidelbergensis-sapiens-Africa-Asia-Europe.jpg]; Bildteilung Autor

So geschah es. Insbesondere in den klimatisch günstigen Landschaften südlich der Vereisung machten sich die Menschen in kleineren und größeren Gruppen auf den Weg und schufen im Laufe der Zeit Siedlungsräume in unmittelbarer Nachbarschaft zueinander rund um den Erdball. Es wurde ihnen aber auch bald klar, dass es zwangsläufig aufgrund der unterschiedlichen körperlichen, als auch geistigen Fähigkeiten zu Spannungen untereinander kommen würde. Die einen wollten den anderen etwas vorschreiben, was aber selten als angenehm empfunden wurde. Bis heute.

Sie benötigten also eine Institution, die von außen Einfluss auf die Menschen erlangen kann. Diese bedingte Erreichbarkeit nutzten die Schlauesten, um mystische Wesen zu kreieren, denen sie eine bestimmte Verantwortung für das tägliche Leben zumaßen. Sie erfanden Schutzmächte, beispielsweise für die Ernte, das gute Wetter oder für die Fruchtbarkeit der eigenen Frauen.

Michael und *Gabriel* verfolgten diese Entwicklung mit großer Sorge, weil *Sie* darin einen Angriff auf *Ihn* sahen, obwohl *Ihnen* klar war, dass die Menschen bisher nicht wussten, dass es *Ihn* gibt. Auch in diesem Punkt entschieden *Sie* sich für ein moderates Vorgehen.

Der damit verbundene Entwicklungsschub schien für die Allgemeinheit der Menschen vorteilhafter, als diese Nebengötterideen im Keim zu ersticken. *Sie* schritten auch nicht ein, als die Menschen Tötungswerkzeuge entwickelten, oder Verteidigungsanlagen errichteten. Aber schon damals fingen *Sie* an, in der Erbmasse der Menschen nach der Aktivitäts-DNA zu suchen, die zwar einen Impuls auslöst, aber kein Begrenzungsregulativ hatte, um die Menschen vor ihrer Selbstzerstörung zu bewahren.

Kollegen, die an anderen Projekten im All tätig waren, hatten keinen sachdienlichen Rat und auch eine Nachfrage bei *Ihm* brachte nur Hinhaltendes. *Sie* mögen in diesem Entwicklungsstadium das Vorteilhafte der Triebkraft nutzen und nur dann einschreiten, wenn es überbordende Verläufe geben würde.

Sie hatten Schwierigkeiten, das zu deuten, nahmen aber an, dass eine massenhafte Selbstvernichtung der Menschen gemeint sein könnte, die allerdings, wenn sie stattfinden würde, nicht mehr aufzuhalten wäre, weder von *Ihnen* noch von *Ihm*. So sind für die nächsten, etwa fünftausend Jahre Siedlungsräume entstanden, deren Bewohner zwar eine gewisse Lebenskultur hatten, die aber leider auch weiterhin ihren Trieb zur unbändigen Befriedigung von Bedürfnissen nicht zügeln konnten.

Frühe Hochkulturen entstehen

Als *Seine* Planer nach fast zwei Millionen Jahren mit der Primatenoptimierung am Ziel waren, hatte *Ihnen* die Vereisung der nördlichen Halbkugel einen Strich durch die Rechnung gemacht. Es gab Verwirrungen. Weder *Michael* noch *Gabriel* hatten aus der Zentrale eine Vorwarnung erhalten. Ihre Nachfrage ergab, dass es sich um ein, in großen Zeitabschnitten wiederkehrendes Phänomen handeln würde. Das sei im Zusammenhang mit dem Gefüge des Kosmos zu sehen und mit der Konstellation der Planeten zur Sonne. Es würde, so gesehen, nichts Außergewöhnliches sein. Leider habe es gleichzeitig zu viele ähnliche Prozesse gegeben und die warnenden Hinweise sind versäumt worden.

Die Menschen mussten sich also in wärmere Zonen zurückziehen oder waren im Nordosten über die verbliebene Verbindung nach Westen, die spätere Beringstraße, auf das lang gestreckte Landmassiv von Amerika geflüchtet. Nun erwies es sich als vorteilhaft, dass die Planer in der Frühzeit eine Trennung der Gondwana[48]-Landmassive veranlasst hatten. *Sie* mussten deshalb zwar viele kritische Bemerkungen ertragen, von Kollegen, die an ähnlichen Kultivierungsaufgaben im All arbeiteten. Aber dieser Kraftakt vor etwa zweihundert Millionen Jahren erwies sich nun doch als vorteilhaft, um für solche unvorhergesehenen Klima-Ereignisse eine Fluchtburg *Ihrer* mühsam entwickelten Lebewesen zu schaffen.

Im Übrigen hatte *Michael* schon deshalb auf eine solche Verschiebung bestanden, weil die ursprüngliche Konzentration der Landmasse auf nur einer Seite der *Erde* die harmonische Rotation immer deutlicher störte, sich jahreszeitliche Unwuchten zeigten, was man an jedem modernen Tischglobus nachvollziehen kann. So kam es, dass sich mit der Beendigung der Eiszeit vor ca. zehntausend Jahren − dieser Bericht ist im dritten Jahrtausend nach Christi

---

[48] Das sollte man in Ruhe recherchieren, z.B. bei: [https://de.wikipedia.org/wiki/Gondwana]. Gondwana war vor 200 Millionen Jahren ein Teil von Afrika, der sich löste und westwärts das heutige Südamerika bildete.

Geburt geschrieben – an verschiedenen, teilweise weit voneinander entfernten
Orten, feinsinnige, für damalige Verhältnisse kulturvolle Menschen entwickelten. Sie befassten sich nicht mehr mit der einfachen Nahrungsvorsorge, sondern hatten auch ästhetisch-künstlerische Ambitionen, beispielsweise in der
Gestaltung von Alltagsgegenständen, aber auch von Skulpturen und Wandma-
lereien.

Besonders attraktiv und klimatisch begünstigt waren die Regionen um das
Mittelmeer zwischen Europa und Afrika. Dort sammelten sich die aus dem
Norden vertriebenen Menschen, aber auch Bewohner aus dem Süden, die
durch die Hitze und zunehmende Verwüstung der Landschaft nach besseren
Orte suchten. Schon vor etwa zehntausend Jahren wurde veranlasst, am West-
ufer des Jordans in Palästina die Stadt Jericho zu gründen.

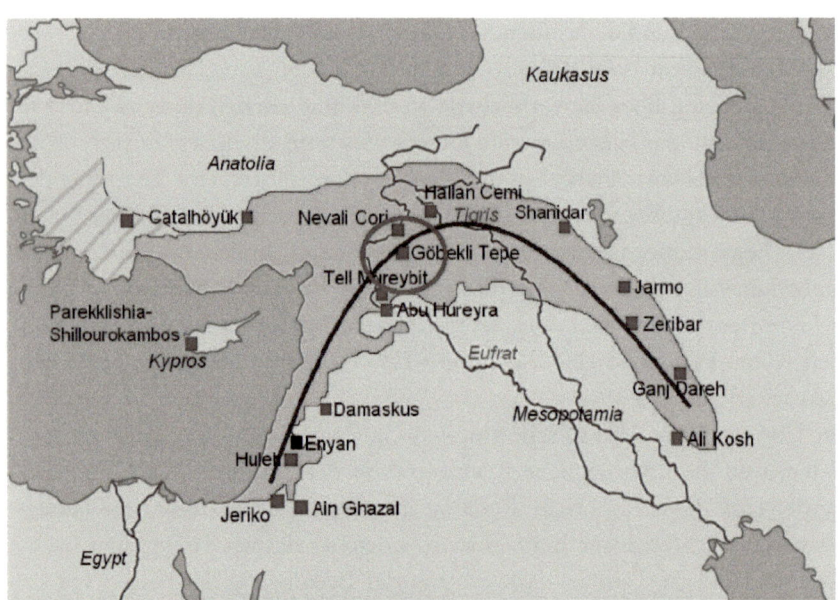

Siehe Link im Literaturverzeichnis unter Göbekli Tepe

Im Zweistromland zwischen den Flüssen Euphrat und Tigris, das später als Mesopotamien bekannt wurde, schuf *Er* siebentausend Jahre <u>vor</u> Christus einen fruchtbaren Siedlungsraum von der Stadt Jericho im Süden bis hinauf nach Norden zum heiligen Ort Göbekli Tepe [49] und dann wieder nach Süden an den Persischen Golf. Diesen Bogen nannte man später den ´*fruchtbaren Halbmond*´, der zur eigentlichen Wiege der Hochkulturen im Nahen Osten geworden ist.

Fünftausend Jahre später hatte sich dann auch am Nil in mehreren Dynastien eine Hochkultur herausgebildet. Diese Region ist in den achttausend Jahren <u>vor</u> Christus kulturell aufgeblüht. Dass mächtige, *Ihm* vermeintlich gleiche Herrscher an die Spitze kamen und die Untertanen zu Höchstleistungen trieben, sahen die Erzengel als das kleinere Übel. Schlimmer waren die lästerlichen Anmaßungen der Menschen durch gigantische Bauwerke und Anlagen *Ihm* gleichen zu wollen.

Das gesprochene Wort, in keilähnlichen Zeichen auf eine weiche Tontafel gedrückt, konnte nun aufbewahrt und an die Kinder und Nachkommen weitergegeben werden. Insbesondere *Gabriel*, der Feinsinnige, sah mit Freude, dass die Menschen mit dem Gebrauch von Feuer kunstvolle Haushaltsgegenstände schufen und auch die Behausungen nicht mehr nur aus einfachen Holzgestellen mit Fellen oder Matten bestanden. Sie errichteten aus den örtlichen Baustoffen Wohnungen und Versammlungsstätten und erlernten von sich und den Tieren Abbilder zu schaffen oder sie als Skulpturen darzustellen.

Und dennoch, das mussten die von *Ihm* Beauftragten immer wieder feststellen, gab es nach einigen Phasen des harmonischen Zusammenlebens der Menschen kriegerische Auseinandersetzungen. Sie zerstörten ihre Lebensräume, brachten sich gegenseitig um und offenbarten eindrucksvoll, dass der Mensch fehlerbehaftet war. Diese offensichtlichen Fehlentwicklungen kamen oft zur Sprache und es wurde deutlich, dass die Sensoren zur Vermeidung der Selbstzerstörung und zur Sicherung der Art nicht empfindlich genug angelegt waren.

---

[49] Siehe auch (Schmidt, Clare, Dietrich, Köksal-Schmidt, & Notroff, 2015) [(https://publications.dainst.org/journals/index.php/efb/article/view/1676/4584); 3.1.23];
Siehe auch: [(https://de.wikipedia.org/wiki/G%C3%B6bekli_Tepe); 19.3.2023]

Die Planer hatten überlegt, das offensichtlich zu stark ausgeprägte Aggressivitätsgen mit Nahrungsergänzungsstoffen zu dämpfen. Aber *Sie* verwarfen diese Idee: Es bestand das Risiko für Fehlsteuerungen. Würde nämlich die Sache übertrieben, bestand die Gefahr, dass die Menschen auf die Trägheit der Neandertaler zurückfielen. *Sie* kamen überein, die Optimierung über das ´*Gen der Vernunft*´ weiter voranzutreiben und waren immer noch hoffnungsvoll, weil sich gute Entwicklungsergebnisse zeigten.

Die Menschen fingen nämlich an, ihre Lautmalerei zum gegenseitigen Wohlgefallen zu benutzen. Sie setzten ihren Gesang wie ursprüngliche Balzrituale ein, etwa um die Gunst der Frauen zu erlangen. Dies waren Hoffnungszeichen für die weichen, empathischen Qualitäten der Menschen, auf die *Sie* für die Zukunft gebaut hatten. *Sie* stellten aber auch eine gewisse Gleichgültigkeit fest. Die Menschen ordneten sich in phlegmatischem Pragmatismus den selbst ernannten Herrschern unter und nahmen das System der imaginären Fremd-Steuerung durch die Götter hin.

Der unbedingte Anspruch auf Gehorsamkeit, den die Herrscher gegenüber den Untergebenen mit rabiaten Methoden einforderten und sich sogar anmaßend auf die Anweisungen der Götter bezogen, führte zwischen den *Planern* oft zum Streit.

Während *Gabriel* eine bestimmte Ordnung im Zusammenleben der Menschen für notwendig hielt, sich aber bei etwaigen Sanktionen die *Mäßigung* als das *Vernünftige* herausstellte, war *Michael* in seiner unbekümmerten Pragmatik für klare Verhältnisse. Wer die Norm verletzt, müsse sich verantworten. Im Übrigen sei die Regel auch schon bei den einfachsten Primaten festzustellen und man sollte eine gewisse Zucht und Ordnung, trotz aller Gefühlsduselei für die Krönung der Schöpfung, nicht unter den Tisch fallen lassen.

Der Chef greift ein – *Abraham* erscheint

Achttausend Jahre vor Christi Geburt war eine der Eiszeiten beendet und die Entwicklung des Homo Sapiens so weit fortgeschritten, dass das Bedürfnis für ein sicheres Dach über dem Kopf und eine angenehme Bleibe aufkam. Die Menschen bauten also Unterkünfte, blieben zusammen und halfen einander. Solange sie zur Nahrungssuche den Tieren hinterhergerannt waren und allerlei notwendige Werkzeuge ersannen, blieb wenig Zeit für tiefere Gedanken über das Leben.

Nun kam es aber immer wieder zu Erscheinungen, die sie sich nicht erklären konnten. Sie vermuteten dahinter logischerweise eine Macht, die alles regelte. Um bei all diesen, teilweise lebensgefährlichen Ereignissen möglichst keinen Schaden zu nehmen, versuchten sie mit dem ´Unerklärlichen´ ins Gespräch zu kommen, machten Geschenke und gaben sich Mühe, möglichst nicht aus der Rolle zu fallen.

Da aber nach ihrem Verständnis ein Mächtiger nicht alles allein regeln könne, gingen sie von mehreren Verantwortlichen aus. Sie gaben ihnen Namen und Orte, an denen sie ihnen huldigten und Gaben ablegten, aber auch ihre besonderen Wünsche und Erwartungen vortrugen. Solange diese Nebengötter für das friedliche Zusammenleben der Menschen nützlich waren, hatte *Er* nichts dagegen.

Ärgerlich wurde es aber, wenn sich Führungsmenschen hervortaten und vorgaben in göttlichem Auftrag zu handeln, sogar behaupteten, göttliche Vertreter auf Erden zu sein und für sich daraus Vorteile zogen. Dies schien mehr und mehr zu einer Fehlentwicklung der Menschen zu werden, die sich auch vor *Ihm* nicht mehr verbergen ließ. Es gab Feindschaften, Mord und Totschlag. Bei den großen Tieren, die sich oft lebensgefährliche Kämpfe lieferten, hatten die Planer durch eine Demutsgeste des Unterlegenen den finalen Todesbiss verhindert. Der zog dann den Schwanz ein und hatte Zeit zu fliehen.

Solche Kampfblockaden waren ursprünglich auch für die Menschen vorgesehen, aber ganz pragmatisch hatten die Planer, als sie die Menschen auf zwei Beine stellten, den markanten Schwanz abgeschafft, denn sie waren – leider fälschlicherweise – davon ausgegangen, dass mit der Vernunft und der Fähigkeit miteinander sprechen zu können, dieses Bestienverhalten auch verschwinden würde. In dieser Entwicklungsphase waren aber solche grundsätzlichen Reparaturen bei den Menschen nicht mehr möglich und so blieb die Hoffnung, die Defekte mit der Zeit intellektuell heilen zu können.

In der Region zwischen dem Nil und dem Zweistromland von Euphrat und Tigris hat sich ein angenehmes Klima eingestellt. Für das Siedeln der Menschen haben die fruchtbaren Böden neben der Viehzucht auch den Ackerbau erlaubt. Das nomadische Umherziehen war nicht mehr notwendig. In den folgenden tausenden Jahren wuchsen mächtige Völker heran mit schlauen und weniger schlauen Menschen, die in der Lage waren, abstrakt zu denken, künstlerisch und handwerklich befähigt, für die heranwachsende Gemeinschaft nützlich zu sein.

Am Unterlauf des Nils entstanden die Pharaonendynastien Ägyptens und ein Staatswesen, das in den nächsten etwa fünftausend Jahren in dieser Region entwickelt und praktiziert wurde. Natürlich hatten es die Könige verstanden, ihr Volk auf einen oder mehrere Götter einzuschwören. Sie erfanden eine Schrift, schrieben ihre Geschichten auf Steintafeln und lobten sich selbst in höchsten Tönen. Diese Unart setzte sich in den nachfolgenden Generationen fort, allerdings immer so, dass von den Nachfolgern, die Prahlereien auf den steinernen Stelen der Vorgänger *übermeißelt* wurden.

Das machte die Sache kompliziert, weil nicht nur die Schrift sehr schwierig zu verstehen und zu lesen war, sondern auch die dann später gefundenen Fragmente sich meist als unvollständig oder auch als Fälschungen erwiesen haben. Die Befunde, die die damaligen Menschen aus ihrem Leben den Nachkommen zum Ausgraben hinterlassen haben, reichten etwa fünftausend Jahre vor Christi Geburt zurück.

Am Anfang dieser Zeit sind für etwa zweitausend Jahre keine nennenswerten Reibereien mit den Nachbarn bekannt. Das änderte sich, als die Reiche der *Hethiter* (in der heutigen Türkei), der *Assyrer* im nördlichen Zweistromland südlich von Anatolien und südlich davon bis an den Persischen Golf, das Reich der *Babylonier* mit ihren legendären Königen *Hammurabi I.* (6. Dynastie; 1792 bis 1750 v. Chr.)[50] und *Nebukadnezar II.* (605 bis 562 v. Chr.) erstarkt sind. Ihre

---

[50] Der Codex Hammurabi kann als frühe Rechtsordnung, mit auch heute noch bedingt geltenden Grundsätzen gesehen werden. Schon 2000 vor Christus gab es Rechtssätze nach dem Talionsprinzip (ius talionis, ´ius´ lat. Recht und ´talio´ Vergeltung), das einen Ausgleich versucht zwischen Opfer und Täter nach dem Gleichgewichtsprinzip. Kürzer formuliert: Auge um Auge, Zahn um Zahn. Siehe auch:
[(https://de.wikipedia.org/wiki/Talion#%C3%84lteste_Belege), 26. Februar 2024] und
[(https://de.wikipedia.org/wiki/Codex_Hammurapi), 26. Februar 2024].

Länder zwischen den Flüssen Euphrat und Tigris waren fruchtbar. Sie lagen an den wichtigsten Handelswegen nach Europa.

Deshalb folgen (wIR) dieser Geschichte, ob nun als Gleichnis von Mythen oder wahrhaftig als eine Mischung aus beidem.

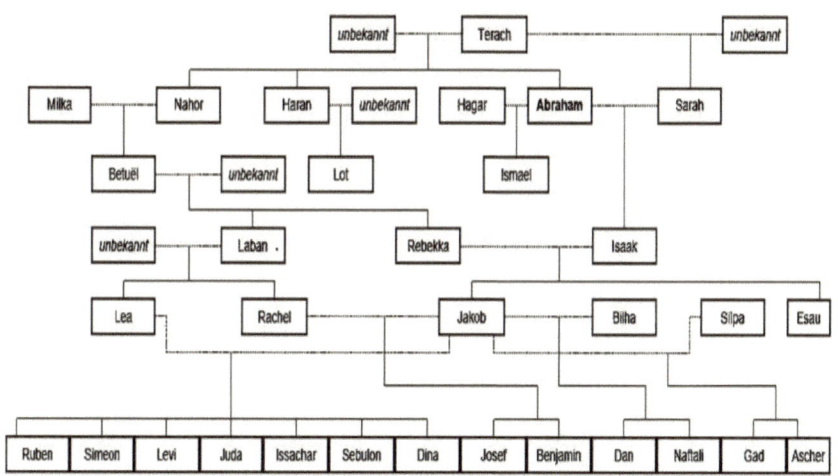

Stammbaum von *Abraham (Quelle unbekannt)*

Der *Nomade Abraham* (siehe Grafik) war *Ihm* als rechtschaffender Familienvater und Hirte aufgefallen. *Abraham* hat bisher im Reich der Babylonier in der Stadt Ur gelebt, war dann mit seiner Sippe nach Norden in die Nähe von Harran in das Reich der Hethiter gezogen. *Abraham* schien *Ihm* für *Seine* Pläne nützlich.

Deshalb forderte *Er* eines Nachts *Abraham* auf, mit seiner Familie gen Süden, nach Kanaan, dem späteren Palästina, zu ziehen, zu siedeln und ein Volk mit vielen Nachkommen zu gründen. Das war im dritten Jahrtausend <u>vor</u> Christus, dessen Geburt *Er* natürlich schon geplant hatte. Die Menschen konnten davon aber noch nichts wissen. Dass bis heute keine archäologischen Belege für die Existenz von *Abraham* gefunden wurden, mag im irdischen Verständnis Zweiflern Recht geben, widerspricht aber nicht dem Mythos, durch *Ihn* den Menschen die *Botschaft der Redlichkeit* vermittelt zu haben.

Abraham nahm also seinen Neffen *Lot*, den Sohn seines bereits verstorbenen *Bruders Haran*, und eine stattliche Anzahl von Ziegen und Rindern, seine Frau *Sarah* und deren *Sklavin Hagar*, und folgte *Seinem* Gebot nach Kanaan, etwa dem heutigen Palästina und Israel zu ziehen. Da ihre Herden sehr groß waren, konnten sie nicht an einem gemeinsamen Platz bleiben. *Abraham* zog gen Kanaan und Lot begab sich in die wasserreiche Jordanebene.

Als *Abrahams* Frau Sarah nach etwa zehn Jahren in ihrer neuen Heimat in Kanaan noch keine Kinder zur Welt gebracht hat, drängte sie *Abraham*, er möge sein *Ihm* gegebenes Versprechen, viele Nachkommen zu zeugen, erfüllen und ihre Sklavin Hagar heiraten. Und **Hagar** wurde schwanger. Sie brachte *Ismael,* *Abraham*s ersten Sohn zur Welt. Wie aber nicht anders zu erwarten, kam es zwischen Sarah und Hagar zu Auseinandersetzungen. Sarah jagte Hagar und ihren Sohn Ismail in die Wüste. Das missfiel *Ihm*. *Er* versprach Hagar, wenn sie sich Sarah unterwerfe, würde sie mit einer reichen Nachkommenschaft gesegnet werden. So wurde Ismael der Stammvater aller Muslime.

Nach weiteren dreizehn Jahren ist, wie durch ein Wunder, auch **Sarah** schwanger geworden und bekam einen Sohn, den zweiten Sohn *Abraham*s, den sie **Isaak** nannten. Als er zum Mann herangewachsen war, lag ihm sein Vater *Abraham* in den Ohren, auf keinen Fall eine Frau aus Kanaan zu wählen[51]. Isaak heiratete also *Rebekka*, die Enkeltochter seines *Onkels Nahor*, Bruder seines Vaters *Abraham* und zeugte mit ihr die beiden Zwillingsbrüder *Esau* und *Jakob*.

Da es auch damals schon um den eigenen wirtschaftlichen Vorteil ging und der Erstgeborene das bevorzugte Erst-Erbrecht bekam, täuschte Jakob seinen alten, schon sehschwachen Vater Isaak und gab vor, er sei Esau, der Erst-Geborene. Er erschwindelte sich damit dessen Privilegien. Auch *Jakob* holte sich seine Frauen aus der eigenen Verwandtschaft der ehemaligen Heimat.

Seine *Cousine Rachel*, die Tochter von *Laban*, dem Bruders seiner Mutter, war ein liebreizende Schönheit. Deshalb nahm Jakob die schwere Bürde von sieben Jahren Fronarbeit für seinen künftigen Schwiegervater auf sich, um seine Cousine *Rachel* zur Frau zu bekommen. Aber in der Hochzeitsnacht wurde er durch

---

[51] [Vielleicht, um die Sippe nicht durch fremdes Blut zu verderben].

seinen Schwiegervater getäuscht. Am Morgen nach der Hochzeitsnacht lag die ältere Schwester *Lea* anstelle von *Rachel* im Ehebett.

Er wurde also hinters Licht (besser unters Bett) geführt, wie er einst seinen Zwillingsbruder Esau betrogen hatte, der sich übrigens resigniert mit seinen Frauen in das Seirgebirge, das südlich des Toten Meeres bis an den Golf von Elat reicht, zurückzog.

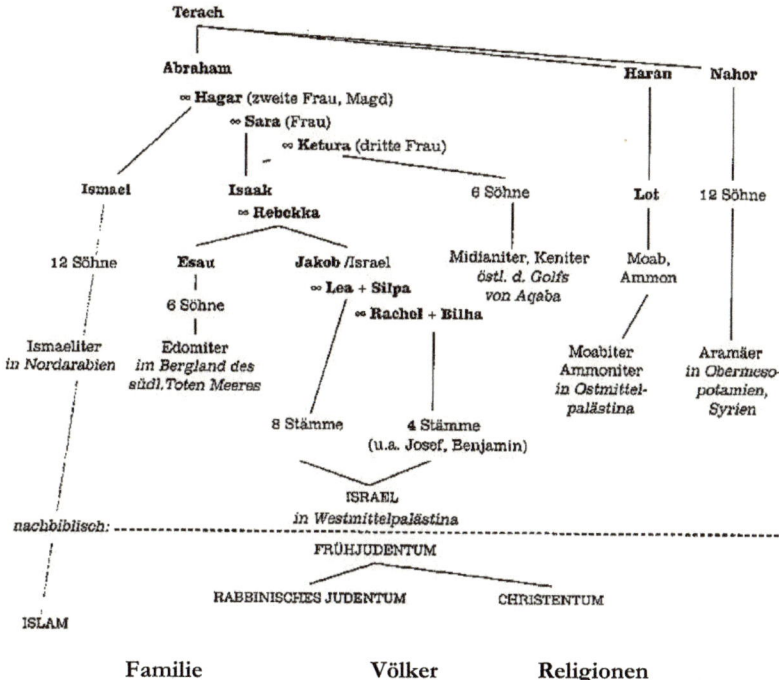

Stammbaum der Familie Abraham und der Völker des Vorderen Orients, aus: „Welt und Umwelt der Bibel", 4/2003, S.34

Laban, Jacobs Schwiegervater, redete sich ´raus. Es sei ein alter Familien-brauch: Nur wenn die ältere der Schwestern verheiratet sei, können auch die jüngeren Schwestern heiraten. *Rachel* war die jüngere Schwester von *Lea*. *Jakob* blieb also nichts anderes übrig, als noch einmal sieben Jahre für seinen Schwiegervater zu arbeiten, um Rachel zu heiraten.

Das schien ihn nicht sonderlich gestört zu haben. *Er* zeugte mit *Lea* sechs Söhne und eine Tochter, dann aber mit *Rachel* die *Söhne Josef* und *Benjamin*, bei dessen Geburt Rachel tragischerweise gestorben ist. So kamen auch die beiden Mägde von Lea und Rachel in Jakobs Gunst, und *Bilha* bekam die *Söhne Dan* und *Natali* und *Silpa* die *Söhne Gad* und *Ascher*.

Lea war zwar nicht so hübsch wie *Rachel*, aber sie liebte *Jakob* in Demut, war friedliebend, dankbar und der Ruhepol in der Familie. Das gefiel Jakob, den die spröde Art von Rachel gestört hatte.

Die Söhne von **Lea**: *Ruben, Simeon, Levi, Juda, Issachar* und *Sebulon*, von **Rachel**: *Josef* und *Benjamin*, von **Bilha**: *Dan* und *Naftali* und von **Silpa**: *Gad* und *Ascher* wurden später die *Stammväter der zwölf Stämme Israels*.

Er hatte *Abraham* viele Prüfungen auferlegt. *Abraham* bestand sie und gehorchte *Ihm* bedingungslos, auch als *Er* verlangte, *Ihm* seinen Sohn Isaak zu opfern, was so grausam war, dass man an ihm zweifeln könnte. *Er* wollte ihn aber auf die Probe stellen und hat natürlich alles in letzter Minute abgeblasen. *Isaak* war ein göttliches Geschenk, denn seine Mutter *Sarah* war schon bemerkenswerte neunzig Jahre alt, was der *Prophet Moses* in seinem ersten Buch so berichtet hat und sogar, dass sie erst mit 127 Jahren gestorben sei.

Als *Abraham* mit seiner Sippe nach Kanaan ausgewandert war, trennten sich *Abraham* und *Lot*. Ihre Herden waren für einen gemeinsamen Weideplatz zu groß. *Lot* siedelte mit seiner Frau in der Stadt *Sodom*, in der Nähe von *Gomorrha* an den Ufern des Toten Meeres. Dort töteten sich zwar die Menschen nicht, aber sie trieben Unzucht in ausschweifenden Gelagen. Lot war der einzige verlässliche Gewährsmann. *Er* veranlasste, dass sich zwei seiner Beauftragten inkognito an Ort und Stelle ein Bild machen sollten. Doch die Nachbarn schickten sich an, auch mit ihnen die verwerflichen Spiele zu treiben.

Er forderte Lot und seine Frau auf, die Stadt unverzüglich zu verlassen, ohne sich umzusehen. Lots Frau schlug *Sein* Gebot in den Wind und erstarrte zur

Salzsäule. So ging *Sodom und Gomorrha*[52,53] in die Geschichte ein und auch die zur *Salzsäule* erstarrte *Frau Lot* und die Siedlungen ´*Sodom und Gomorrha*´, als Metapher, wenn es irgendwo *drunter und drüber* ging.

Abraham ist der Stammvater aller großen Religionen: der Juden, Christen und Muslime. Die Menschen folgten und glaubten ihm. Ihre Sicht auf ihn erfolgt aus verschiedenen Blickwinkeln. Mit unterschiedlichen Ritualen suchen sie den Zugang zu ihm. Und dennoch finden sie keinen Frieden zueinander. Siegt bisweilen das BÖSE aus dem Pakt des *Iblis* mit *Ihm*? Hatte nicht auch *Abraham* Zweifel und alle nach ihm, als *Er* ihn aufforderte seinen Sohn Isaak zu töten als sein Opfer? Und sind die Streitereien der Frauen, *Abraham*s Frau Sarah und deren Sklavin Hagar, nicht auch immer noch *in* den Menschen?

Wegen eigener Kinderlosigkeit hatte Sarah, die Sklavin Hagar als Mutter für *Abraham*s künftige Kinder empfohlen, sie dann aber mit dem erstgeborenen Sohn Ismail in die Wüste geschickt. Auch die Täuschung steckt in den Menschen: Jakob hat seinen Zwillingsbruder Esau um das Erstgeborenen-Erbrecht gebracht und sich seinem alten, sehschwachen Vater Isaak als Esau, den wirklich Erstgeborenen, ausgegeben.

Ganz zu schweigen von den archaischen Überlieferungen, möglichst viele Nachkommen zu zeugen, mit wem auch immer. Sind das nicht die Defekte, die es zu ordnen galt, wenigstens und mindestens so, dass sich die Menschen nicht selbst vernichten?

---

[52] Die erfahrenen *Planer* wussten die Ereignisse zu deuten: In dieser Zone ereigneten sich Erdbeben, die sich regelmäßig wiederholten. Die Trennung des afrikanischen Landmassivs im Osten hatte gerade erst begonnen und eine Reihe von Flüssen und Seen entlang der Bruchkante geschaffen. Gewaltige Wälder waren in diesem Tohuwabohu verschwunden. Es bildeten sich brennbare schwefelige Gase. Die Städte Sodom und Gomorrha sind durch die einstürzenden Ufer des Toten Meeres verschüttet worden.

[53] Siehe auch: *Der Spiegel* ´*Spiegel Online*´, 17/1960; „Suche unter Wasser; und Neue Theorien zu Sodom und Gomorrha - Zeugnisse der Vergangenheit", *Leschs Kosmos*, *3.6.2009*.

Im zweiten Jahrtausend <u>vor</u> Christus gab es vier etwa gleich starke Mächte, die sich mit wechselndem Erfolg der anderen Ländereien bemächtigten. Die *Ägypter* am Nil, die *Assyrer* und *Babylonier* im Zweistromland Mesopotamien und im Norden in der Region der heutigen Türkei waren es die *Hethiter*. Das endete im sechsten Jahrhundert <u>vor</u> Christus. Die Babylonier hatten sich mit den östlichen Kleinfürstentümern im heutigen Iran und Irak verbündet und die Assyrer etwa um 610 v.Chr. vernichtend geschlagen.

Abraham schien mit seiner Sippe in Kanaan gut zu leben, aber auch sie waren nicht von Hungersnöten verschont und als es zur Katastrophe zu werden drohte, zogen sie nach Süden gen Ägypten, das als Land der Sehnsucht für viele arme Völker zur Fluchtburg wurde. Obwohl es eigentlich keine archäologischen Beweise für *Abraham* gibt, soll *Abraham*s Zug nach Kanaan etwa im Jahr 1800 vor Christus erfolgt sein.

Die ersten zehn Jahre in Kanaan verliefen kinderlos, dann hat Hagar den ersten Sohn *Abraham*s, Ismael, zu Welt gebracht und dreizehn Jahre später Sarah seinen zweiten Sohn Isaak.

Es mögen etwa fünfzig Jahre gewesen sein, die die Familie in Kanaan verbrachte, bis sie wegen der Hungersnot gen Ägypten zog, zunächst ins Reich der Philister (das stand schon damals unter ägyptischen Einfluss und betraf etwa den heutigen Gazastreifen) nach Gerar, wo der *König Abimelech* als Bleibe- oder Durchreisetribut die Frauen der Sippe für sich forderte. So erging es *Abraham mit Sarah* und *Isaak mit Rebecca*. Der Pharao in Ägypten stellte später ähnliche Forderungen.

Solche Unsitten wollte *Er* nicht dulden: *Er* las den Königen im Traum die Leviten. Das nahm ihnen die Begierden, den Frauen die Bedrängnis und den Ehemännern die Sorgen der Demütigung. Sie versöhnten sich, versicherten einander die Ehre, tauschten Geschenke aus und alles kam wieder in *Seine* Ordnung. Schon *Josef*, ein *Sohn von Jakob und Rachel*, war von seinen Brüdern als Sklave nach Ägypten verkauft worden. Wir wissen nicht, ob das für die Sippe von *Abraham* von Vorteil war, jedenfalls blieben sie etwa 400 Jahre versklavt in Ägypten, bis sie *Moses* in einem spektakulären Marsch vierzig Jahre durch die

Wüste wieder in das gelobte Land *Kanaan* geführt hat (siehe Grafik der Wanderung der Israeliten und Blick vom Berg Nebo: nächstes Kapitel).

Die Vielgötterei war immer noch sehr verbreitet, besonders bei den Ägyptern. Jeder Pharao hatte seine oder mehrere göttliche Favoriten. Das bereitete *Seinen* Planern Kopfzerbrechen: Sie konnten *Seine* Reaktionen nicht einschätzen. Aber *Er* sah die Vielgötterei locker, fand sogar Spaß daran, dass die Menschen *Ihn* von mehreren Seiten aus betrachteten und anbeteten. Es war *Sein* Plan, mit *Abraham* nach und nach in diesem Wirrwarr von *Funktionsgöttern*, wie *Er* sie nannte, Ordnung zu schaffen. Für die nächsten anderthalb tausend Jahre sah *Er*, trotz einiger Rückschläge und Hindernisse eine gute Entwicklung voraus.

Jordanien. Petra, Zugang für Touristen, Foto© Mönnig

Jordanien, Petra. Foto© Mönnig

Moses schafft es

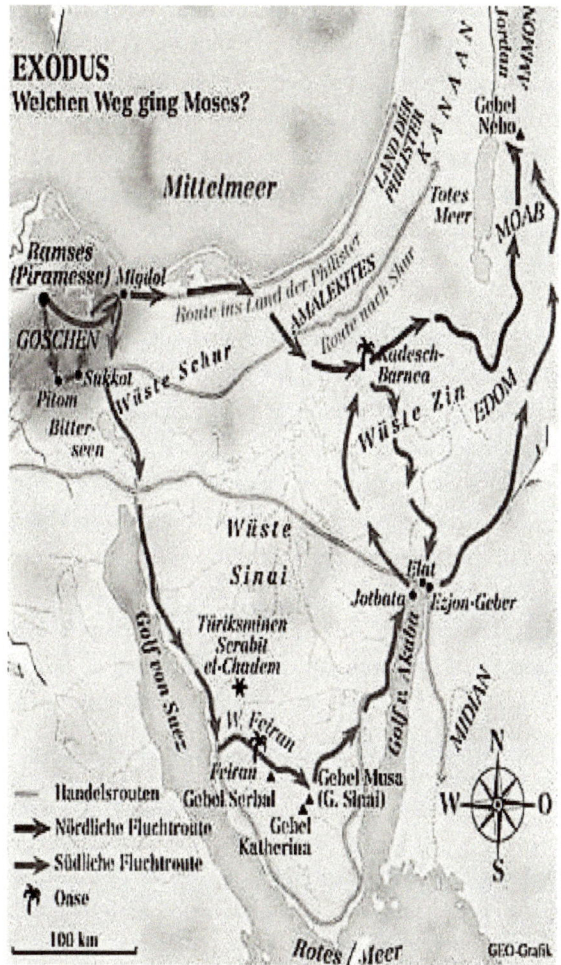

Route der **Wüstenwanderung** von Moses mit den Israeliten;
[https://images.gutefrage.net/media/fragen-
antworten/bilder/21133197/0_big.jpg?v=1295824270000]

Der von *Ihm* gesandte Prophet *Moses* war *Sein* leidenschaftlicher Unterstützer, glaubwürdig und überzeugend. Er würde die Stämme Israels auf *Ihn*, den EINZIGEN einschwören. Mögen sie auf den Messias und auf ihre Erlösung von allen Sünden als Bekenntnis zu ihrem Glauben hoffen. Da die Pharaonen aus ihrem egozentrischen Anspruch, göttlich zu sein, zum Gigantismus neigten, zu Lebzeiten ihre riesigen monströsen Grabstätten von fremden Völkern bauen ließen, kamen die Israeliten nach und nach in eine rechtlose Abhängigkeit und Sklaverei. Dies zu beenden, hatte *Er Seinem* späteren Propheten Moses übertragen.

Moses wuchs im Hause des Pharaos als Ägypter auf, dessen Tochter ihn einst als Findelkind in einem Korb im Schilf des Flusses Nil gefunden und aufgezogen hatte. Er hat aber im Streit einen Ägypter erschlagen, der einen israelitischen Sklaven misshandelt hatte.

Am Hofe des Pharaos, *Ramses II*[54] war bekannt, dass Moses von der Tochter des Pharaos aufgezogen worden war. Es wurde schon damals gemunkelt, dass dieses Findelkind von hebräischer Abstammung sei. Er sollte zur Verantwortung gezogen werden. Im Allgemeinen würde das für einen Ägypter, der einen Sklaven getötet hat, keine Rolle spielen. Aber Moses hatte einen Ägypter erschlagen. Das ließen sie nicht durchgehen. Er musste fliehen fand Unterschlupf im *Median*, der Wüstenregion auf der anderen Seite des Roten Meeres, bei dem

---

[54] *Ramses II.* ist 1213 <u>vor</u> Christus gestorben, regierte in der 19. Dynastie als altägyptischer König etwa von 1279-1213 <u>vor</u> Christus, war einer der bedeutendsten Herrscher des alten Ägyptens. Er galt als exzellenter Diplomat, der mit den Nachbarvölkern über ein halbes Jahrhundert Frieden hielt. Das galt insbesondere auch für die expandierenden *Hethiter*, die von Norden her sein Reich bedrohten. Er war etwa im 30. Regierungsjahr mit einer Hethitischen Prinzessin verheiratet und gewann vielleicht auf diese Weise manche Auseinandersetzungen. Aber im Jahr 1274 <u>vor</u> Christus musste er mit den Hethitern bei Kadesh (im heutigen Gazastreifen) in eine entscheidende Schlacht ziehen. Es ist überliefert, dass keine der Parteien als eindeutiger Sieger hervorgegangen ist, aber Ramses münzte es zu Hause als großen Sieg um, was zwar heute auch noch von einigen selbstgefälligen Politikern praktiziert wird, aber mit den modernen KommunikationsMöglichkeiten immer schwieriger ist.

Priester Jitros, dessen Tochter *Zippora* er schließlich heiratete und mit ihr die Söhne *Gerschom* und *Elieser* hatte. Durch Mittelsmänner wusste *Er* davon und war Zeuge des Leids, das den israelitischen Sklaven in Ägypten angetan wurde.

Er beschloss, künftig mehr Zucht und Ordnung unter die Menschen zu bringen und erinnerte sich an den zornigen Moses, der nun die Schafe seines

Vom Berg Nebo [heute Jordanien] blickte Moses vor mehr als 3000 Jahren nach 40 Jahren Wüstenwanderung in das gelobte Land, in Richtung West, heute Israel,
Foto© Mönnig 2019
[(https://de.wikipedia.org/wiki/Geschichte_Israels)],

Schwiegervaters hütete und lange Zeit in glühender Hitze — ohne Sonnenschutz — über sich und die Welt nachdenken konnte. Moses war von *Ihm* auserwählt, *Seine* neuen Regeln für die Menschen zu empfangen. Dass *Er* auch hier mit allerlei aufregenden Tricks Eindruck machte, und Moses glaubte *Seine* Stimme aus einem brennenden Busch zu hören, gehörte damals dazu. Die Menschen hätten es anders nicht verstanden. Von dieser Erscheinung und dem, was er erfuhr (Skeptiker behaupten ersann), war Moses[55] so beeindruckt, dass er nach Ägypten zurückkehrte und dem Pharao antrug, das Volk der Israeliten in sein gelobtes Land führen zu wollen. Verständlicherweise sperrte sich der Pharao gegen dieses Ansinnen. Er fürchtete durch den Auszug der Israeliten um den Verlust seiner Wirtschaftskraft. Aber schon damals galt, dass ein Wille Berge versetzen kann. Und so geschah es.

Nun gab es auch ohne *Sein* Zutun vernünftige Menschen, die nach *Seinen* Regeln lebten und versuchten, auch andere Menschen zu bekehren. Zum Beispiel im fernen China, von dem in Europa und Afrika zu dieser Zeit niemand etwas wusste, machte sich der Philosoph und Lehrmeister ´*Konfuzius*´ [um 550 bis 480 vor Christus] auch seine Gedanken über die Menschen. *Er* vertrat die Ansicht, dass durch gegenseitige Achtung – auch der zurückliegenden Generationen – eine Gesellschaftsordnung geschaffen werden könne, in der die *Harmonie* und der *moralisch saubere Mensch* im Mittelpunkt aller Bemühungen steht. Konfuzius sah die allseitige Bildung als einen Schlüssel zum Wohl der Menschheit. Es sollte sich alles am Edlen orientieren: ´*Der seinen Idealen lebt, weiß, dass er sie nie erreicht, aber täglich erneut den Versuch unternimmt, diesen Idealen so nah wie möglich zu kommen*´.

Dieses Bemühen ohne einen Anspruch auf Religiosität, war das Besondere, das *Ihn* überzeugte, weil es *Seinem* Ideal entsprach und Konfuzius *Ihn* nicht als Werkzeug – wie die anderen Propheten – missbrauchte.

Sein Sohn soll es richten

Die *Israeliten* nahmen die Botschaften an, die *Er* ihnen über Moses gab. Sie versuchten, nun ein *Ihm* gefälliges Leben zu führen. Das ging einige Jahrhunderte gut, bis erneut viele Unsitten eingerissen waren und sich die Nachkommen von Moses als neue Herrscher aufspielten. Sie gaben vor, Abgesandte von *Ihm* zu sein, *Seinen* Willen zu verkünden und durchsetzen zu müssen.

---

[55] Ralf-Peter Märtin (*1951-†2016); Moses: *Held der Bibel, Befreier Israels* [(https://www.geo.de/.../10726-rtkl-Moses-held-der-bibel-befreier-israels); 21. Februar 2023] Geomagazin Epoche 9/2017

Nun hatten die Menschen zwei Herrscher, auf die sie hören sollten und die sich nur in einem glichen: Auf ihre Kosten ein schönes Leben zu führen. Sie trösteten sich damit, dass alle, insbesondere, wenn die Not am größten war, davon sprachen, es würde ein Erlöser, also ihr göttlicher König kommen, der sie von aller Pein befreien werde.

Weil jeder Herrscher bestrebt war, möglichst keinen Nebenbuhler zu haben oder wachen Sinnes nicht zusah, wie sich eine Opposition gegen ihn entwickelte, hatte sich nach etwa sechshundert Jahren diese Verkündigungsbotschaft im Volk so verbreitet, dass der damalige *König Herodes*, weil er glaubte, es könne ja nur ein neugeborener Knabe für eine solche Funktion infrage kommen, kurzerhand alle Säuglinge töten ließ. Diese Legende ist aus vielerlei Gründen umstritten.

König Herodes war kein Jude, hielt aber die jüdischen Riten ein, war von den Römern – und er galt als römischer Bürger – zum König von Jerusalem ernannt worden, ist aber schon vier Jahre vor *Jesus* Geburt gestorben. Eigentlich war Herodes, wie sich dann die späteren Geschichtsschreiber äußerten, ein ´*schlimmer Finger*´. *Er* ließ *einige* seiner Ehefrauen, wenn sie ihm nicht mehr passten, kurzerhand hinrichten, auch mehrere seiner Söhne, denen er vorwarf, ihm nach dem Leben zu trachten. Er hat zwar respektable Bauten errichtet, aber es mit seinen bösen Taten so weit getrieben, dass er sogar bei den Römern in Ungnade fiel. So jedenfalls wurde es überliefert, was, wenn man alle Schriften aus der damaligen Zeit richtig las, nur teilweise zutreffen konnte.

Seine Chefplaner sahen aber keine Veranlassung, diese fehlerhaften Zeugnisse zu korrigieren. *Sie* betrachteten es als eine notwendige intellektuelle Herausforderung der späteren Generationen, selbst die Wahrheit herauszufinden oder eben nicht.

Der (vermeintliche) ´*König*´ (der Juden) *Jesus* war nämlich bereits von einer Mutter namens Maria geboren, deren Mann schon ziemlich alt war. Diese Geburt sollte sich in den nächsten zweitausend Jahren als eine unendliche Geschichte mit einer Vielzahl von Schriften, Erörterungen und Erklärungen erweisen. Darin ist behauptet worden, dass dieses Kind ein Sohn von *Ihm* sei und man als Erklärung hinzufügte, es sei eine *Jungfrauengeburt* gewesen.

Natürlich war den Erzengeln diese Art der Deutung auch zu Ohren gekommen. Sie hatten aber auch keine Beweise für einen gerüchteweise erwähnten, jungen römischen Soldaten. Auch Marias Mann, Josef, hätte der Vater sein können, denn die Erzengel hatten bei den Menschen für die männlichen Keimzellen keine Altersbegrenzung vorgesehen, wohl aber bei den Frauen, um den Kindern eine Mindestbetreuung bis zum Ableben ihrer Mutter zu ermöglichen.

Auf jeden Fall war der Gedanke, *Ihn* als Vater ins Gespräch zu bringen absurd und nur als ein abstrakter Hinweis auf die Besonderheit dieses Kindes zu verstehen oder die Botschaft war im Gegenteil besonders clever, um dem Neugeborenen den erforderlichen Respekt für sein späteres Fortkommen zu verschaffen. Die Eltern nannten das Kind, in Anlehnung an den Vater, Jesus. *Er* entwickelte sich gut, las viel und machte sich über das Leben der Menschen Gedanken. Er lehnte den Handel und das Geschacher vor den Tempeln als *Ihm* nicht gefällig ab und verwüstete sogar im Zorn die Tische der Händler und Geldwechsler.

»*Wer ist dieser Junge*«, fragten die Menschen, der vorgab, *Sein* Sohn zu sein und Reden führte, die gegen die Ordnungen verstießen? Weil die Menschen aber Worte hörten, die sie als eine Erlösung für ihre Sorgen und Nöte ansahen, scharten sie sich um ihn, von Mal zu Mal mehr. Deshalb benötigte er Helfer, die mit ihm über das Land zogen, seine Lehren verbreiteten und ihm Schutz boten.

Denen, die mit seinen Angriffen um ihre Privilegien fürchten mussten, wurde er nicht nur ein Ärgernis, sondern auch zur Bedrohung. Sie fanden deshalb bald einen Grund, ihn zu beseitigen: Die vorgebliche *Ihn*-Lästerung sich als *Sein* Sohn auszugeben. Auf dieses Verbrechen stand die Todesstrafe. Als *Er* davon erfuhr, war *Er* weniger verwundert, dass sich ein Erden-Mensch gegen die schlimmen Zustände im Volk auflehnte. Es erzürnte *Ihn* mehr, dass sich einige der Oberen angemaßt hatten und vorgaben, in *Seinem* Sinne zu handeln, diesen *Jesus* schließlich kreuzigten und ihn schändeten, wie einen Schwerverbrecher.

Er wollte deshalb ein Exempel statuieren, ließ es dann aber und gab den Menschen zunächst ein Zeichen *Seiner* Allmacht. Der Körper des getöteten Jesus verschwand auf unerklärliche Weise aus der Grabkammer, dass die Menschen wirklich annehmen mussten, er sei zu *Ihm* aufgefahren. *Mohammed*, der

Prophet, über den später zu reden sein wird, behauptete sogar, es wurde ein Double gekreuzigt und er sei als Prophet unbeschädigt in den Himmel gekommen. Später hatte es auch dazu Nachforschungen gegeben, die wissen wollten, dass der gekreuzigte Jesus das Land gesund verlassen habe. Offensichtlich sei er nicht tot gewesen und man habe ihn durch Freunde in Sicherheit bringen können.

Ob die in einigen Schriften vertretene These, Jesus habe noch ein langes Leben in einem Dorf am Fuße des Himalaja-Gebirges verbracht, zutrifft oder nicht, spielt letztlich keine Rolle[56]. Wichtiger war *Ihm*, dass die Menschen durch die guten Ansichten dieses Jesus einen Halt bekommen würden, um endlich dem augenfälligen Schöpfungsmangel der gegenseitigen Aggressionen zu begegnen.

Es hat nach Jesus Tod viele Menschen gegeben, die seine Botschaften in die Welt getragen haben. Man hatte die Schriften von Moses, − mit kleinen Änderungen an den Geschichten und Begebenheiten der Israeliten −, fortgeschrieben und in der Bibel festgehalten. In den nächsten Jahrhunderten gab es starke Gegner dieser Betrachtungen, besonders die Israeliten meinten, dass nach ihren Vorstellungen diesem Jesus als Scharlatan nicht die Rolle des Erlösers zukommen könne. Sie hofften auf den wirklichen Erlöser, ihren König und sie warten eigentlich bis heute. Die Anhänger von Jesus, den sie im Gegensatz zu den Israeliten als den Verkünder und Erlöser betrachten, verehren ihn als den *Gesalbten* und ließen ihm Würdigungen wie einem König oder Hohepriester zuteilwerden[57].

---

[56] Siehe u.a.: Andreas Faber-Kaiser: *Jesus lebte und starb in Kaschmir*, Richter-Edition seltener Bücher, EAN: 9782882400000, 1986.

[57] *Gabriel* hatte herausgefunden, dass das teure Palmöl nützliche Inhaltsstoffe besaß gegen die unerbittliche Sonne und durch Ingredienzien dem Wohlbefinden der Gesalbten dienten. Die Lehren von Jesus wurden künftig mit seinem Namen verbunden und in die Welt getragen. Im Übrigen war es schon beachtlich, dass die historische und aktuelle Zeitrechnung auf seinen Geburtstag bezogen wurde.

Die Hunnen kommen

Wer geglaubt hat, dass mit dem *Liebesgebot* nach den Lehren von Jesus eine allgemeine Versöhnung der Menschheit eintreten würde, sah sich getäuscht. Es gab zwar rund um das Mittelmeer sehr kluge Menschen, aber bald zogen einzelne Volksstämme hauptsächlich aus dem Norden und dem fernen Osten nach Süden und Westen, um sich neue Siedlungsplätze zu erschließen. Die germanischen Stämme galten im kultivierten Süden als Rabauken. Sie waren anspruchslos, vereinnahmten und plünderten nach und nach die besetzten Gebiete der römischen Großmacht.

Dreihundert Jahre nach dem Tod von Jesus hatte der mächtige römische *Kaiser Konstantin*[58] im Römischen Reich das *Christentum* als Staatsreligion anerkannt und mit der dann 380 n.Chr. offiziell von *Kaiser Theodosius* als verbindlich eingeführten Staatsreligion beendet. Das betraf auch die bis dahin blutigen Rangeleien um die religiöse Vorherrschaft.

Aber auch das konnte den Untergang dieses einst vom Mittelmeer bis in den barbarischen Norden reichende römische Imperium nicht aufhalten. Die aufgeblühten Städte an den Rändern konnten nicht mehr gegen die herandrängenden Völker der Germanen, Franken, Alemannen und Goten verteidigt werden, die selbst durch die Reiterstämme der Hunnen aus dem Osten vertrieben worden waren.

---

[58] Konstantin I. der Große [etwa 280-337n. Chr.] stellte die Weichen, um im Römischen Reich das Christentum als Staatsreligion einzuführen. Die nach ihm benannte Hauptstadt des oströmischen Reiches Konstantinopel ist Ausdruck seiner politischen Macht, obwohl das Römische Reich sich in einem chaotischen Zustand von Anarchie, Krankheiten und Bürgerkriege befand und geschwächt war. Mehr als 40 Jahre nach dem Tod von Konstantin hat Kaiser Theodosius I. im Jahr 380 n.Chr. den christlichen Glauben allen Bürgern des Römischen Reiches als Staatsreligion für verbindlich erklärt. Auch hier gab es Gegenbewegungen, siehe *Kaiser Diokletian* im dritten Jahrhundert [*284 bis †305]. [[Siehe auch [(https://de.wikipedia.org/wiki/Diokletian), 19. März 2024] und [(https://de.wikipedia.org/wiki/Konstantin_der_Grosse), 19. März 2024]].

Es kam bald wieder zu Mord und Totschlag. Die Herrscher verbündeten sich oder verrieten einander, schlugen sich gegenseitig die Köpfe ein und drangsalierten die Menschen. Aus den asiatischen Steppen kam das Reitervolk der Hunnen und machte mit schnellen Attacken das Leben in Europa unsicher. Sie verfügten über besondere Kampftechniken und hatten bravouröse Reiter und Bogenschützen, die auch im vollen Galopp nach hinten auf die Verfolger schießen konnten. Das vermochten die damaligen Krieger in Europa nicht.

[(https://upload.wikimedia.org/wikipedia/commons/f/f0/Huns450.png); (https://www.frag-machiavelli.de/wp-content/uploads/2018/03/attila-hunnen-voelkerwanderung-karte.jpg)]

Besonders berühmt und berüchtigt war der Hunnenfürst Attila, der ein Mädchen aus dem Stamm der Goten heiratete, sich wohl schon in der Hochzeitsnacht im November 453 n. Chr. verausgabte und an einem Blutsturz starb.

Das war auch das Ende des Hunnenreichs, ausgeblutet, von jeglichem Nachschub abgeschnitten, bis auf die Plünderungen unterwegs und über viele Jahrzehnte fern der Heimat. Die gestrandeten Hunnen-Krieger verdingten sich als Söldner bei den Herrschern in Europa und manche Europäer sind noch heute als deren Nachkommen zu vermuten[59]. Die Hunnen hatten von *Ihm* noch nie etwas gehört. Sie waren innerhalb der Truppe nicht aufmüpfig, ansonsten würde es drakonische Strafen gegeben haben.

Sie folgten ihrer Naturreligion und pflegten allerlei sonderliche Bräuche: Wahrsagerei und Schamanismus. Das Wasser war für sie lebendig und einem göttlichen Reinhaltungsgebot unterworfen. Deshalb wuschen sie weder sich noch ihre Kleider. Unter den fremden Völkern konnten sie mit solchen Bräuchen keine vernünftige Frau finden und gaben deshalb das Reinhaltungsgebot, besser das Nicht-Reinhaltungsgebot, bald auf. [60,61]

Mohammed

Sechshundert Jahre nach Christi Geburt waren wieder alle guten Vorsätze vergessen. Es musste etwas geschehen. *Michael* mahnte *Gabriel* mit einem erneuten Versuch die Menschen moralisch zu läutern.

---

[59] Neuere wissenschaftliche Erkenntnisse wollen wissen, dass in jedem modernen Menschen etwa 2% Hunnen-Gene stecken.

[60] [https://de.wikipedia.org/wiki/Attila]; Bildnachweis Attila: [(https://www.nationalgeographic.de/geschichte-und-kultur/2019/09/attilas-hunnen-wer-waren-die-reiternomaden-aus-dem-osten), aufgerufen 10.3.2024 10:30 Uhr]

[61] Attilas Hunnen: Wer waren die Reiternomaden aus dem Osten? Die Hunnen plünderten sich durch Europa und wurden für den Niedergang des Römischen Reiches mitverantwortlich gemacht. Von Erin Blakemore; Veröffentlicht Am 13. Sept. 2019, 16:04 Mesz [(https://www.nationalgeographic.de/geschichte-und-kultur/2019/09/attilas-hunnen-wer-waren-die-reiternomaden-aus-dem-osten), aufgr. 11.4.2024,19 Uhr]

Ein einsamer Schafhirte schien *Ihnen* geeignet, ein armer, elternloser Junge, in der Wüstenstadt Mekka, um das Jahr 570 n. Chr. geboren, der sich mit Gelegenheitsarbeiten durchschlug.

Der arme, aber kluge Junge Mohammed aus Mekka hatte Glück. Er verliebte sich und heiratete seine wohlhabende Chefin, die zwar schon zweimal verwitwet und fünfzehn Jahre älter war als er, aber ihm finanziell den Rücken freihielt, damit er sich tiefer in die Dinge des Lebens *denken* konnte. Für *Gabriel* bot sich also eine günstige Gelegenheit alles neu zu ordnen.

Mohammed verbrachte in jedem Jahr einen Monat auf dem Berg Hira in der Nähe von Mekka. *Er* wollte mit sich und der Welt ins Reine kommen. *Gabriel* richtete es ein, dass *Er* ihm im Traum erschien und ihn aufforderte, Gutes durch *Ihn* zu empfangen und die Menschen auf den richtigen Weg zu führen. ´*Was Mohammed von Gabriel im Traum erfahren hatte, wurde in sein Herz geschrieben*´, sagten später seine Anhänger. In den Folgejahren gab es weitere Zwiegespräche, die er und seine Getreuen nach seinen Anweisungen schriftlich bewahrt haben. So entstand der *Koran*, und die strengen Anweisungen, ein *Ihm* gefälliges Leben zu führen. Dieses Buch war für seine Anhänger fortan das Heiligste aller Schriften.

Seine *Ehefrau Chadidscha* war von seinen Botschaften überzeugt, was bei Ehefrauen im Allgemeinen eher selten beobachtet wurde. Sie verbreitete Mohammeds Ansichten und wurde seine erste Glaubensanhängerin. Und alle, die es auch waren, nannten sich *Muslime*.

Aber auch jetzt verlief alles genauso wie schon vor sechshundert Jahren. Die Armen und Unterdrückten folgten dem neuen Glauben und jene, die bisher an viele Götter glaubten, – mehr aus pragmatischen Gründen, um den Druck auf die Menschen zu erhöhen –, wurden zu seinen Gegnern. Es kam zu tätlichen Auseinandersetzungen, auch gegen Mohammed, und nur wenige hielten ihm die Treue.

Jerusalem, Felsendom,
ältester Sakralbau, zwischen 687 und 691 n. Ch. errichtet,
gehört zu den islamischen Hauptaltertümern,
Mohammed soll von hier aus die Himmelfahrt angetreten haben,
Foto © Mönnig;
siehe auch [(https://de.wikipedia.org/wiki/Felsen dom); 2/23]

Mohammed zog es vor, mit seinen Getreuen, den Muslimen aus Mekka etwa vierhundert Kilometer nördlich von *Mekka* in einer Oase zu siedeln, die später zur Stadt *Medina* wurde.

In den nächsten Jahren kam es zu ständigen Reibereien und kriegerischen Auseinandersetzungen zwischen den Muslimen und den Mekkanern. Nicht zuletzt auch deshalb, weil schon vor Mohammed in Mekka das höchste *Heiligtum der Beduinen*, die *Kaaba*, einem Pilgerziel aus Zeiten des Urvaters *Abraham*, stand.

Mohammed entstammte dem bedeutenden *Stamm der Quraisch*, der die Kaaba bewachte und damals noch eine Sammlungsstätte vieler Götter war.

Michael hatte *Gabriel* mehrfach im Zweifel gefragt, ob bei der Initialisierung von Mohammed vielleicht ein Fehler gemacht wurde. Denn über viele Jahre waren bei *Ihm* keine Zeichen zu erkennen, auf die Menschen im guten Sinne einzuwirken. Die Muslime verließen sich aber ganz auf die von *Ihm* über Mohammed zugesagte Unterstützung. Sie hatten bei einem Krieg mit den aus Mekka angreifenden Truppen einen bemerkenswerten Sieg errungen, den sie als ihre Schlacht bei Badr[62], etwa 624 Jahre <u>nach</u> Christus, in ihre Lobpreisungsschriften aufnahmen.

Es ist müßig, diese einzelnen Rangeleien aufzuzählen, weil Mohammed die kluge Auffassung vertrat, sich mit den Feinden in Mekka zu verständigen. Es wurden Vereinbarungen getroffen, die selbstverständlich nicht allen gefielen, so dass es auch in den eigenen Reihen zu Anfeindungen kam. Um seine religiösen Ziele durchzusetzen und die verfeindeten arabischen Stämme zu vereinen, bezog sich *Mohammed* immer wieder auf *Abraham* als den Urvater aller Araber. Dies veranlasste ihn und auch seine späteren Nachfolger ziemlich militant durch die Lande zu ziehen und das *Christliche* durch das *Muslimische* zu vertreiben.

Obwohl es manchmal schien, dass er als Sohn von *Ihm* betrachtet wurde, hat Mohammed streng darauf geachtet nur als *Sein* Prophet zu gelten und verboten, dass an den Gebetsstätten Bilder von *ihm* und *Ihm* erstellt wurden. Als er allerdings plötzlich erkrankte und im Juni 632 n.Chr. starb, konnte dies nicht als normaler Tod verstanden werden. In den Schriften wurde berichtet, dass er in *Jerusalem vom Heiligen Berg* auf einem Pferd in den Himmel gefahren sei, dort von *Ihm* ermahnt und von *Gabriel* dann zurück nach Mekka gebracht wurde.

Michael wollte von *Gabriel* Genaueres wissen. Aber *Gabriel* konnte oder wollte sich nicht mehr daran erinnern, im Übrigen unterstehe er *Seiner* vertraulichen Schweigepflicht. Die Anhänger von Mohammed haben dann auf dem Berg, den die Juden als *Tempelberg, Har ha Bait,* und die *Muslime* als *das Edle Heiligtum,*

---

[62] Badr liegt ca. 160 km südwestlich von Medina, 50 km landeinwärts vom Roten Meer, nördlich von Jidda und südlich von Janbu.

al-ḥaram aš-šarīf verehren, über dem Felsen seiner Himmelfahrt den *Felsendom* errichtet.

Seit alters her ist auf diesem Hügel viel passiert. Aber keiner der Beteiligten aus den drei Religionen erfüllt seine eigentliche Aufgabe, die Menschen zu bessern. Die göttlichen Planer hatten es mit *Seiner* Unterstützung vorgezogen, die vielen Einzelgötter für bestimmte Aufgaben und Verantwortungen abzuschaffen und nur noch *Ihn* in das Zentrum des Glaubens zu stellen. Das war in der Absicht geschehen, Ordnung in die größer werdende Menschengesellschaft zu bringen, die nun auch noch verschiedene Sprachen hatte. Es war abzusehen, dass es schwierig sein würde und nicht alle Menschen den gleichen Blick auf *Ihn* haben werden. Wichtiger sei es, dass die Menschen überhaupt an *Ihn* glauben. Das allerdings wollten die einzelnen Religionen nicht gelten lassen und reklamierten bisweilen in blutigen Auseinandersetzungen ihre Alleinvertretungsansprüche.

Das war schon darin begründet, dass die Religionen − jede für sich − dicke Bücher als ihre Leitlinien schufen: Die Juden die *Thora*, eigentlich die direkten Überlieferungen von Moses in fünf Büchern, die bei den Christen als *Altes Testament* in der *Bibel* bekannt sind und schließlich bei den Muslimen der *Koran*, den der *Prophet* direkt von *Ihm* empfangen habe.

Auch da spielte es bei den *Planern* keine Rolle, dass *Er* auf verschiedenen Wegen erkannt und zu erreichen war. *Sie* hatten auch festgestellt, dass es in den unterschiedlichen Heiligen Büchern Parallelen gab, mit denen sich später Heerscharen von Wissenschaftlern auseinandersetzten.

Gabriel hätte es nicht für möglich gehalten, dass der angeblich von *König Salomo* im neunten Jahrhundert vor Christus errichtete erste Tempel der Israeliten, der im Übrigen durch den babylonischen *König Nebukadnezar II.* im sechsten Jahrhundert zerstört wurde, über tausende Jahre Anlass für Kriege und blutigen Auseinandersetzungen sein würde. Überhaupt schien der Bau und die Zerstörung der Israeliten-Tempel schon von Anbeginn unter keinem guten Stern gestanden zu haben.

Salomons Vater, König David, war ein schöner Mann, zumindest wie ihn *Michelangelo* lebensgroß in Marmor dargestellt hat, ein Frauenheld, der achtmal verheiratet war, Ehebruch beging, den Gatten der Geliebten ermordete und den späteren König *Salomo* zeugte. Das hat das Rufbild von König David erheblich beschädigt, der wie Jesus – nur 1000 Jahre früher – in Bethlehem geboren wurde und verwandtschaftliche Linien zu Jesus gehabt haben soll, sodass ihm die Ehre, den ersten Tempel der Israeliten zu bauen, versagt, aber seinem Sohn *Salomo* zuteilwurde. Dennoch sind sich die späten Archäologen nicht einig, ob dieser Tempel überhaupt existiert hat.

Um dieses Plateau des Heiligen Berges streiten sich Christen, Juden und Muslime erbittert, die einen, weil etwa vor zweieinhalbtausend Jahren und in den Folgejahren zweimal ihr Tempel, das Heiligste der Juden, (angeblich) zerstört wurde und die Muslime den Felsendom als ihr höchstes Heiligtum verehren. Für sie beginnt die Zeitenrechnung am 16. Juli 622 Jahre nach Christi Geburt als Mohammed mit seinen getreuen Muslimen nach den ersten Auseinandersetzungen von Mekka nach Medina ausgezogen ist.

Bekehrungen– Buddhisten, Christen, Muslime, Hindus

Da *Gabriel* in *Mohammeds Geschichte* eine wichtige Rolle gespielt hatte, verfolgte *Michael* alles mit großem Interesse, aber auch mit einigem Zweifel. Es war das erste Mal, dass einer von *Ihnen* direkt angesprochen und in die Geschehnisse einbezogen worden war. *Michael* war sich nicht sicher, ob dies der Fantasie der Menschen entsprang oder *Gabriel* tatsächlich aktiv mitgewirkt hatte. Aber es verwunderte *Ihn,* dass in den zurückliegenden eintausendzweihundert Jahren durch *Moses, Jesus* und *Mohammed* dreimal versucht wurde – selbstverständlich mit *Seiner* Hilfe – die Menschen auf den rechten Weg zu bringen.

Die jüdischen Stämme in Palästina, die von den Ägyptern versklavt worden waren und die durch Moses, in das gelobte Land geführt wurden, hatten schon sechshundert Jahre später durch ihr verwerfliches Verhalten jegliches Vertrauen ihrer Mitmenschen verspielt. Mit dem jungen Heißsporn Jesus wollte *Er* einen Weg zur Bekehrung der Menschen zeigen. Weil aber nach sechshundert Jahren alle guten Vorsätze der Menschen wieder vergessen waren, gab *Er* dem armen, intelligenten Hirtenjunge *Mohammed* auf dem *Berg Hira* bei Mekka über *Gabriel Seine* Botschaft. Trotzdem raubten und mordeten die Menschen auch künftig und sie benutzten *Ihn* für ihre niederen Zwecke, die sie sogar als *Seinen* Willen rechtfertigten.

[heute] Täuflinge im Fluss Jordan auf israelischer Seite, Vordergrund Jordanien (Bethanien), Staatengrenze in Flussmitte, © Foto Mönnig 2019

Fast zweitausend Jahre vor der Geburt des jungen Jesus haben am Fluss Ganges, der im Norden des riesigen indischen Subkontinents am Fuße des Himalaja-Gebirges entlang zieht, viele Menschen gesiedelt, mit einer *Ihm* genehmen Geisteshaltung. Es störte *Ihn* nicht, dass diese Menschen verschiedene Götter hatten: *Vishnu*, wenn sie Not litten, um *das Gute* im Leben zu erbitten und *Shiva*, der *das Alte* zerstören und *Neues* in Gang setzen konnte, neben vielen anderen Beauftragten, die für spezielle Sorgen zuständig waren.

Auch die Hoffnung der Menschen, so lange wiedergeboren zu werden, bis alle wertvollen Eigenschaften erlangt sein würden, fand *Er* gut. Aber *Er* sah auch mit Sorge, dass in den Lehren der Priester Ungerechtes war: ´Jeder bleibe das, was er ist: ein *´König ein König, ´* ein *´Beamter ein Beamter´* und ein *´Armer ein Armer´*. Jeder möge, so die Botschaft, ´an *seinem Platz bleiben und glücklich sein´* in der Hoffnung, durch Inkarnation aufzusteigen, ein wohlgefälliges Leben zu führen und nicht vom rechten Weg abzukommen.

Seine Planer haben den wahren Grund dieser Denkart erkannt. Später hat sich gezeigt, dass dieses Kastensystem offiziell aufgegeben worden ist, aber doch – durch Generationen weitergegeben – in die Seele der Menschen tief eingegraben war. Viele fügten sich freiwillig in diese überkommene Ordnung.

Und dennoch, über sich und das Leben nachzudenken, zu philosophieren und *im Abstrakten Neues* zu entdecken, schien ein guter Weg zu sein, die Menschen moralisch voranzubringen. Sie lobten *Konfuzius* in China und viele Denker in Indien. Als etwa tausend Jahre nach Christi Geburt die *Muslime* auch in diese Region einwanderten, nannten sie diese Menschen *Hindus* und ihren Glauben *Hinduismus*.

Im Norden Indiens lebte schon etwa vierhundert Jahre vor Christi Geburt *Siddhartha Gautama*, der seine Lehre als religiöse Philosophie verbreitete. Man nannte ihn den *´Erwachten´*, in der Landessprache *Buddha*, der nach den Geboten des Hinduismus meditierte. *Er* erkannte, dass aus der Tiefe des menschlichen Denkens die befreiende Einsicht zur Überwindung allen diesseitigen Leidens ohne Radikalismus erwächst. Man müsse zwischen der *Askese*, der absoluten *Enthaltsamkeit* und der *Völlerei*, des lustvollen *Genießens*, die Erlösung suchen und sich für einen Weg dazwischen entscheiden.

Diese, auf Gewaltverzicht gerichtete Weltanschauung war *Ihm* sehr gefällig. *Er* wünschte, dass davon die Juden, die Christen und die Muslime etwas annehmen würden, insbesondere die *Friedfertigkeit* und das *geduldige Ertragen*, um die Menschen im Guten zu verändern. *Sie* hofften, das Böse im Menschen über das auf das Gute gerichtete Denken zu verdrängen. Doch das gelang ihnen nicht. Sie verloren viel Zeit für Korrekturen und Verbesserungen am System MENSCH.

Die Entwicklung der Menschen war nicht schnell genug vorangekommen. Ihre Hirnfunktionen für abstrakte Signale waren zu schwach. Sie entwickelten *Ängste aus dem täglichen Leben*: die Sorge um ihre Nahrung, die Unbilden des Wetters oder andere Erscheinungen, die sie nicht erklären konnten. So war es mehr eine erste Notlösung, dass die Planer gegen solche Ängste Kleingötter geschaffen hatten, die in Abstimmung mit *Ihm* eine gewisse Zeit gut funktionierten.

Sie erkannten aber auch, und schlugen besondere Verkünder von Heilslehren vor, dass ein solches Regulativ zum Guten nur von irdisch verfügbaren, also lebenden Wesen erfolgreich sein würde. Es müsse direkt auf die optimierten Primaten-Menschen eingewirkt werden können, solange sie immer öfter in einen blutigen Zwist der eigenen Art verfielen.

Die Planer überkam eine Ratlosigkeit, wie *Sie* mit diesen mageren Ergebnissen auf der *Evolutions-Vollversammlung (EVVS)* bestehen würden. Zur eigenen Beruhigung hofften *Sie* die intelligenzbezogenen Fähigkeiten der Menschen und den Läuterungsprozess, der damit einhergehen würde, überzeugend darstellen zu können. Sie bauten darauf, dass *Seine* bisherigen Hilfsprogramme für die Juden, Christen und Muslime, aber auch die hinduistische und buddhistische Auslegung *Seiner* Herrschaft die Entwicklungsmängel der Menschen nach und nach ausmerzen würden.

Die Römer kommen und gehen

Was sich in den ersten tausend Jahren nach Christi Geburt in den verschiedenen menschlichen Gesellschaften abspielte, ist als ein Versuch zur bewussten *Wahrnehmung des Daseins* zu betrachten. Die maßgebenden Ereignisorte, also die Städte und großen Siedlungen, die schon vorher Impulse in der Menschheitsgeschichte gesetzt hatten, wurden weiter ausgebaut. Sowohl die großen Dynastien am Nil verschwanden als auch das mächtige römische Imperium etwa fünfhundert Jahre nach Christi Geburt, das sich in zwei Reiche geteilt hatte.

Die Völker begannen umherzuziehen und nach besseren Siedlungsräumen zu suchen. Abgesehen von den damit verbundenen Streitereien und kriegerischen Auseinandersetzungen, kam es natürlich auch zu nützlichen Vermischungen der Menschen.

Aber bei keinem dieser Volksstämme konnten so vorteilhafte Erbanlagen festgestellt werden, dass einer davon für die Zukunft als ´Urstamm´ der Menschen gelten könnte. Sie hofften, auch in Abstimmung mit *Ihm*, dass in der Verschmelzung der Sippen eine charakterliche Verbesserung künftiger Generationen zu erreichen sei. Die *Muslime* trugen nun die *Lehren Mohammeds* auch in die nördlichen Regionen, in das heutige *Spanien* und später weiter in den *asiatischen Raum*, was einen kulturellen Gewinn für die dort lebenden Menschen brachte. Von der einstigen Aggressivität, die auch Mohammed gegenüber seinen Feinden verfolgte, war nichts mehr zu spüren. Die Moslems waren aus der kargen Wüste in eine lebensfrohe Landschaft mit üppiger Vegetation und angenehmen Temperaturen gekommen. Das neue Lebensgefühl hat sie offensichtlich überwältigt. Sie fanden ihren Seelenfrieden und suchten die Harmonie mit ihren Nachbarn.

Das ging fast fünfhundert Jahre gut, dann wurden sie von den Christen vertrieben, mehr noch: Nach den ersten tausend vergangenen Jahren <u>nach</u> Christi Geburt kam es zu großen räuberischen Auseinandersetzungen. Über mehrere hundert Jahre hatten die Christen versucht, das Zentrum ihrer Religion, Jerusalem, von allen nichtchristlichen Glaubensrichtungen zu befreien. Sie wollten ein machtvolles Zeichen für die Überlegenheit ihres Glaubens setzen.

Nach ihrer Auffassung waren die Moslems an diesem heiligen Orten des Christentums nicht zu akzeptieren. Sie nannten ihre kriegerischen Überfälle *Kreuzzüge*.

Michael und *Gabriel* hatten die Eroberung von Jerusalem im zwölften Jahrhundert nach Christus zunächst nicht ernst genommen, weil *Sie* annahmen, dass es sich um eine der damals üblichen Völkerwanderungen handele. Als *Sie* aber die wahren Absichten erkannten, war es zu spät. *Er* hatte gezürnt und *Sie* gescholten, diesem Morden in *Seinem* Namen nicht Einhalt geboten zu haben. *Er* beseitigte schließlich einige verantwortliche Führungsköpfe dieser Raubzüge und ließ das ganze Kreuzzug-Unternehmen ergebnislos scheitern.

Im Jahr im Frühjahr 711 nach Chr. drangen die Muslime über die Meerenge von Gibraltar in Spanien auf die iberische Halbinsel ein und setzten sich siegreich bis 720 n.Chr. in blutigen Kämpfen mit dem untergehenden Reich der

Westgoten auseinander. Sie blieben bis 1492 n.Chr. durchaus mit einem Gewinn für einige kulturelle Zentren (Granada, Al-Hambra, Große Moschee Córdoba u.a.).

Parallel dazu veranstalten Päpste und christliche Würdenträger mit Soldaten und Pilgern vom Ende des 1.Jahrtausend n.Chr.[63] bis zum Ende des 13.Jhdt. n. Chr. bewaffnete Kreuzzüge gen Jerusalem, um die ursprünglich Christliche Herrschaft wieder herzustellen und die Muslime zu vertreiben. Das geschah mit Pilgern, Soldaten, auch staatlichen Würdenträgern[64,65] aus Europa. *Er* sah zunächst verwundert zu, weil sie ALLAH als das Höchste lobpreisen und doch eigentlich *Ihn* meinten, nur eben aus einer anderen Perspektive.

Im 13. Jahrhundert hatte *Er* angenommen, dass endlich das kulturelle Erwachen durch die umherziehenden Troubadoure eintreten würde. Deren Liedtexte setzten sich mit ihrer Zeit auseinander und sollten die Menschen auf eine sentimentale Weise läutern und bekehren. Doch *Er* stellte fest, dass es zwar viele gute und den Nächsten zugewandte Männer und Frauen gab, aber auch brutale Haudegen, die mit Waffen und Betrügereien die Menschen bedrängten. Lange schien es, dass *'Das Böse'* siegen würde. Nächstenliebe gab es meist nur bei den Armen, die in die Kriege gezwungen wurden, oft hart bestraft oder in *Seinem* Namen sogar verbrannt und gefoltert worden sind.

---

[63] Papst Urban II. rief 1095 zum Kreuzzug auf (dem ersten von sieben) auf der Synode von Clermont mit dem Zuruf »Gott will es« in der Überzeugung, dass die Vertreibung der Muslime aus dem Heiligen Land Gottes Wille sei und die Vergebung der Sünden erreicht würde. [(https://de.wikipedia.org/w/index.php?title=Kreuzzug&action=edit) 6. Februar 2025].

[64] Helmut Herles ; Eine Faszinierende Frau ihrer Zeit rote Rosen – Elisabeth von Thüringen; Seite 44-46, Magazin *'Die Politische Meinung'*, Nummer 459 Februar 2008

[65] Ludwig IV.*1200 n. Chr. (Burg Creuzburg, Sohn des Landgrafen Hermann I.), 1221 mit Elisabeth, Tochter des ungarischen Königs Andreas II. verheiratet war, brach am 24. Juni 1227 mit seinem Heer, verbündet mit dem Kreuzzug von Kaiser Friedrich II. nach Jerusalem auf. Er starb 1227 an einem Fieber vor der Überfahrt in das Königreich Jerusalem in der italienischen Hafenstadt Otranto. Er wurde 1227 im Kloster Reinhardsbrunn beigesetzt, siehe auch
[(https://de.wikipedia.org/wiki/Ludwig_IV._(Th%C3%BCringen)#Leben), 6.2.2025].

Gabriel wollte mit *Helena (etwa 250 bis 330)*, der Mutter vom späteren *Kaiser Konstantin* zeigen, dass auch Menschen aus niederen Verhältnisse im Leben eine Chance haben können. Helena wurde in der römischen Provinz Bythien am Südufer des Schwarzen Meeres am Bosporus geboren, betrieb eine Taverne und bekam von dem römischen Offizier *Constantinius Chlorus* in wilder Ehe einen Sohn, den späteren *Kaiser Konstantin (n.Chr. 272/289?)*.

Constantinius verließ aber im Jahr 289 n.Chr. Helena, weil ihm Theodora, die Stieftochter des Kaisers Maximianus besser gefiel. Maximianus adoptierte sogar Constantinius Chlorus, der dann von 305 bis 306 n.Chr. Kaiser und schließlich der Imperator Caesar wurde, nachdem er erfolgreich als Heerführer das Römische Reich im Nordwesten bewacht und geschützt hatte.

Der junge Konstantin [Sohn von Constantinius Chlorus] wurde nach dem Tod seines Vaters dessen Nachfolger im römischen Heer und ab 306 bis 337 römischer Kaiser. Konstantin holte seine verlassene Mutter Helena nach Rom und erhob sie zur *Augusta*, zur ´Erhabenen´. Sie hatte sich taufen lassen und entdeckte in Jerusalem noch im hohen Alter vermeintliche Holzstücke vom Kreuz Jesus.

Der römische Kaiser Konstantin hatte 313 Jahre nach Christi Geburt mit der ´Mailänder Vereinbarung´ die christliche Religion zur *Staatsreligion* erklärt, ohne die allgemeine Religionsfreiheit für jedermann abzuschaffen. Im Übrigen war er sehr auf seine Mutter Helena fixiert. Mit der christlichen Staatsreligion führte *Er* nun die unbedingte Oberaufsicht. Eine Staatsreligion war ein gutes Argument, das Volk an der Leine zu halten und einen Schuldigen für das Schicksal der Menschen benennen zu können. Im Übrigen brauchte sich der Kaiser auch nicht mehr um die im Geheimen lebenden Christen zu kümmern, denen er in der Vergangenheit in den verborgenen Winkeln und Katakomben des Reiches nach dem Leben getrachtet hatte.

So kam es auch, dass kluge Denker viele der herrschenden, angeblich von *Ihm* vorgegebenen Lehren, anzweifelten.

Mutige Wissenschaftler – Päpste und Könige

Galileo Galilei (1564-1642), der sich lange mit den Sternen und ihrem Lauf am Nachthimmel befasst hatte und auch sonst über viele schwierige Fragen nachdachte, fand heraus, dass es nicht die *Erde*, sondern die Sonne ist, um die sich alles dreht. Mit dieser Weisheit handelte er sich große Schwierigkeiten der Kirche ein. *Gabriel* war erbost und hatte sich bei *Michael* beschwert, dass sich nun das religiöse Hilfsprogramm zur Besserung der Menschheit in das Gegenteil verkehren würde. Er könne keinen Sinn darin erkennen, dass die geistige Entwicklung des Menschen, die *Sie* auf Neugier und Erkenntnis ausgerichtet hatten, durch eine machtbesessene Elite aus Sorge, ihre Vorteile zu verlieren, bekämpft wurde.

Er hielt *Michael* vor, dass eine erfolgreiche Läuterung nur dann gelingen könne, wenn durch die natürliche Neugier die geistigen Fähigkeiten geschärft würden und ein gesundes Maß an Bedürfnissen als Triebkraft unerlässlich sei. Allerdings, und das hatten *Sie* auch in Erwägung gezogen, müsse ein sensibles Steuerungsprogramm für die Menschen dafür sorgen, dass der mehrfach erwähnte Selbstzerstörungstrieb, also eine Vernichtung aus eigennütziger Gier, nicht überhandnehmen darf.

Obwohl *Religionen* und *Politik* schon in den ersten Jahren der Verbreitung von Jesus' Lehren in zwei parallel existierende Machtstrukturen getrennt wurden, gab es zwar auch zwischen den religiösen und politischen Machthabern Auseinandersetzungen, die aber nur so lange bestanden, wie sie nicht die eigene Existenz bedrohten. So schleppte sich die Entwicklung durch das erste Jahrtausend. Die Menschen machten sich gegenseitig durch Tod und Vertreibung das Leben schwer und beriefen sich auf *Ihn*, nur *Seine* Interessen zum Wohle aller zu vertreten. Die *Lüge* und die *Täuschung* wurden zur Politik und den Menschen als Wahrheit aufgezwungen. So ist es geblieben; bis heute.

Wer clever war, hat andere für sich arbeiten lassen. Meist waren es die Bauern, die einen Teil ihrer Ernte an die Herrscher abzugeben hatten, angeblich, um vor fremden Räuberbanden geschützt zu werden. Oft mussten die Bauern in den Eroberungskriegen ihrer Herrschaft kämpfen und mit ihrem Leben oder ihrer Gesundheit bezahlen. Dann konnten sie nicht ihre Felder bestellen. Sie litten Hunger.

Diese kriminelle Form einer Steuer als ´*Schutzgeld*´ hat sich leider bis heute erhalten. Nachdem viele, meist schöne junge Frauen als Hexen angeklagt und auf dem Scheiterhaufen angeblich in *Seinem* Namen geopfert wurden und die Menschen durch immer neue Abgaben bis auf die Knochen ausgesaugt worden sind, war *Seine* Geduld am Ende, denn das korrupte System der kirchlichen und weltlichen Herrscher benutzte *Ihn* als Alibi für ihre Verbrechen.

Ihm war *Martin Luther* (1483-1546) aufgefallen, einer aus den Reihen der klar denkenden Kirchenmänner, dem auch alles zuwider war und seinen Frust in fünfundneunzig Thesen an das *Kirchentor zu Wittenberg* heftete. Wie *Er* beim nachträglichen Studium von Luthers Schriften feststellen musste, hatte Luther auch judenfeindliche Gedanken geäußert und den Bauernaufstand, den in Mühlhausen der Pastor Thomas Münzer mit flammenden Reden unterstützt hat, schändlich gemacht.

Gabriel traute zunächst nicht seinen Augen und Ohren, freute sich aber, dass es trotz der vielen Fehlschläge in der Primatenoptimierung doch auch einige Lichtblicke geben würde, um das drohende Unheil von den Menschen abzuwenden. Natürlich spielte die Frage, wer sich um wen im Weltall dreht, keine Rolle, aber die religiösen Fürsten, die sich in Rom mit riesigem Prunk und prächtigen Gebäuden eingerichtet hatten, pochten auf ihr Recht, zu bestimmen, was wahr oder falsch ist. Dieser Meinungsstreit regte aber auch das Ringen um wissenschaftlich fundierte Erkenntnisse an, wenn auch zunächst im Verborgenen.

In historischen, auch aktuellen Schriften ist nachzulesen, dass die Obrigkeiten manchen Verfechtern für ausgebrachte Wahrheiten oder berechtigter Kritik nach deren Gesundheit oder Leben trachteten.

Schon *Nikolaus Kopernikus* (1473-1543), der aus gutem Hause an der Ostsee, dem Ermland stammte, hatte Mitte des 16. Jahrhunderts herausgefunden, dass sich die *Erde* und die anderen Planeten um die Sonne drehen. Mit seiner Hypothese, − denn als eine solche musste sie ohne Beweisführung gelten −, hatte er mit der Veröffentlichung bis 1543, kurz vor seinem Tode, hinter den Berg gehalten, weil er den Spott der Kollegen fürchtete. So neu war diese Ansicht aber nicht, denn bereits etwa zweihundertfünfzig Jahre <u>vor</u> Christus war der Grieche *Aristarchos*[66] *von Samos* zur gleichen Ansicht gelangt.

Als *Galileo Galilei* [67] sechzig Jahre später – schon sehr berühmt und anerkannt – nach vielen Erkenntnissen aus der Mathematik und der Physik das Weltbild von Kopernikus als zutreffend publizierte und auch von *Papst Urban VIII.* durchaus dazu ermutigt wurde, war er wohl zu forsch vorgegangen.

Er hatte seine Zusage an den Papst – alles nur als Hypothese zu betrachten – nicht eingehalten und aus seinem heliozentrischen Weltbild eine ´*Wahrheit*´ gemacht. Viel schlimmer war es, dass *Galileo Galilei* alle, die nicht an diese Wahrheit glaubten, als Dummköpfe verspottete. Der Papst bedrohte ihn für seine Ansichten mit dem Tode und ließ ihn lebenslang unter Hausarrest stellen.

Gabriel erinnerte *Michael* daran, dass es in dieser Beziehung, also der Fähigkeit, im abstrakten Denken das ´*Sein*´ zu erkennen, einen gewaltigen Rückschritt gegeben hat. *Sie* hatten nämlich schon damals der *Schule der Stoiker* und deren Gründer, *Zenon von Kition*[68], etwa dreihundert Jahre vor dem jungen Jesus Respekt und Beifall gezollt. In ihnen sahen *Sie* erstmals eine weltoffene Neugierde im Denken verwirklicht, weil Stoiker den Gesetzen der Logik in Erkenntnis, Erklärung und Beweisführung folgten. Was *Sie* besonders lobend herausstellten, war die *Hinwendung zum menschlichen Leben*, das sie in das Zentrum ihres Denkens stellten.

---

[66] Aristarchos von Samos war ein griechischer Astronom und Mathematiker, der etwa 310-230 v. Chr. lebte und als der griechische Kopernikus galt. Er war einer der ersten Astronomen, die das *heliozentrische Weltbild* vertraten. Siehe auch [(https://de.wikipedia.org/wiki/Aristarchos_von_Samos); 19. Februar 2023].

[67] Galileo Galilei*15. Februar 1564 in Pisa, † 8. Januar 1642 in Arcetri.

[68] Zenon von Kition etwa 333 v. Chr. geboren, begründete die hellenistische Philosophie und die philosophische Schule der Stoa. Siehe auch: Peter Steinmetz: *Zenon aus Kition*. In: Hellmut Flashar (Hrsg.): *Die hellenistische Philosophie* (= *Die Philosophie der Antike*. Band 4). Schwabe, Basel 1994, ISBN 3-7965-0930-4, S. 520. Mehr unter: [(https://de.wikipedia.org/wiki/Zenon_von_Kition); 19. Februar 2023].

Dass der römische *Kaiser Mark Aurel* einer ihrer bedeutendsten Vertreter wurde, hatte *Sie* besonders erfreut, obwohl dessen Untaten berüchtigt waren. Mark Aurel vertrat die Ansicht, dass Vernunft allen vernünftigen Wesen gemein ist – was durchaus nicht als Tautologie zu verstehen war – und, dass sich die Welt nach einem harmonischen Prinzip fügt, was auch im täglichen Zusammenleben der Menschen unerlässlich sei. *Gabriel* bedauerte, dass sich von der Weisheit dieser bedeutenden Denker so wenig auf die weitere Entwicklung der Menschheit ausgewirkt hat. Und bedauerte auch, dass durch das Christentum die Maxime der Stoiker pervertiert wurden.

Es war später *Seneca*[69], lange im Dienst des *Kaisers Nero*, der durch (angebliche) Intrigen gegen *Nero* von ihm zum Selbstmord getrieben wurde. *Senecas* ´Stoiker-Postulat´ der Harmonie des Denkens und Handelns, im Geiste der Tugend zu leben und mit einer heiteren Gelassenheit in Seelenruhe Glück zu finden, wurde als eine Verschwörung gegen Nero aufgefasst, weil er dessen unvernünftigen und unmenschlichen Gebote ablehnte.

Erfüllung in sozialer Achtung des anderen Menschen zu finden und durch Hinwendung zu sinnvoller Tätigkeit Verantwortung zu übernehmen, wenn es anderen wegen Krankheit oder Gebrechen nicht möglich ist, wurden dann von Eigennutz, Gier und Neid verdrängt.

Menschen werden Handelsware

Neid, Gier und Eigennutz verdunkelten die Seele der Menschen. Das Unerklärliche nutzten einige Raffinierte zu ihrem Vorteil. Sie gaben vor, in *Seinem* Auftrag nicht nur zu handeln, sondern, wenn die Menschen sich mit Spenden

---

[69] Seneca (* im Jahr 1 n.Chr., † 65 n.Chr.) gilt als römischer Philosoph, Naturforscher, Dramatiker, Politiker und Historiker, dessen Reden ihn damals bekannt gemacht haben. Er stand in enger Verbindung zu Kaiser Nero, dessen kriminelle Taten während seiner Herrschaft, auch von Morden an Gegnern geprägt waren. Die Quellen zur Rolle von Seneca sind nicht einheitlich in der Bewertung, die ihn teilweise in seiner Bedeutung ablehnen. Aber sein Versuch, Kaiser Nero, zum Guten zu bekehren oder zumindest zu beeinflussen, sind als Intrige aufgefasst worden. Kaiser Nero hat Seneca zum Selbstmord veranlasst. Siehe insbesondere: [(https://de.wikipedia.org/wiki/Seneca), 19.2.2023]

oder Liebesdiensten erkenntlich zeigen würden, durch Fürbitten als *Seine* Diener auf *Erden* mit Hilfen von *Ihm* belohnt zu werden. So war also das Bestreben einiger Menschen weiter gewachsen, auf Kosten des Anderen, persönliche Vorteile zu erlangen. *Seine* Helfer hatten zusehen müssen, wie sich einzelne Stämme und Sippen bekämpften, wie sie die Unterlegenen als Sklaven nahmen, oder auf den Märkten wie Lebensmittel oder Tonkrüge verkauften. *Sie* konnten daran nichts ändern und hofften, dass mit der geistigen Reife durch ´Empathie´ und die ´Achtung des Nächsten´ sich diese verhängnisvolle Entwicklung nicht fortsetzen werde.

Aber auch das war ein Irrglaube. Als im 15. Jahrhundert n.Chr. die Menschen große Schiffe bauen konnten und weiter als in Sichtweite zu ihren Küsten auf das Meer hinausfuhren, sie auch gelernt hatten, sich an den Sternen zu orientieren, hatte der portugiesische *Prinz Heinrich*, genannt der Seefahrer, das Privileg erworben, von allen Schiffen, die das *Kap Bojador* [70] vor Westafrika in südlicher Richtung passiert haben, einen Tribut zu fordern.

Er orderte viele Schiffe, die von arabischen Zwischenhändlern an den westafrikanischen Küsten Sklaven erwarben und sie erstmals im Jahr 1444 in Europa auf dem Markt von Lagos an der portugiesischen Algarve verkauften. So begann ein Handel mit afrikanischen Menschen, die unter grausamen Bedingungen als Arbeiter in Europa, meist nach Spanien, wo durch Kriege die Arbeitskräfte knapp geworden sind, verbracht wurden.

Als die Kolonialisierung von Nord- und Südamerika erfolgte und die eingeborenen Indianer auf den Plantagen die schwere Arbeit gesundheitlich nur kurze Zeit ertragen konnten, wurden sie durch die robusteren afrikanischen Sklaven ersetzt.

São Tomé wurde zur Sklaveninsel vor Westafrika und ein Sklavenstützpunkt der Portugiesen. Sie sicherte den Sklaven-Nachschub für Europa, aber auch für die portugiesischen Besitzungen in Afrika. Bis in das 19. Jahrhundert setzte

---

[70] Kap Bojador ist ein Ausläufer des Gebirgszugs Dschebel el Aswad aus der Sahara und war im Mittelalter das ´Ende der westlichen Welt´, südlich der Kanaren gelegen, gehört es zur Westsahara.

dann ein reger Menschenhandel ein und die Hafenstädte an den Küsten Europas, bis hinauf nach Schweden, bauten Schiffe für den Transport der afrikanischen Sklaven nach Amerika. Auf der Rückreise brachten die Schiffe Handelsgüter aus den amerikanischen Kolonien nach Europa. Dieses Dreiecks-Handels-System, begründete den Reichtum vieler Kaufmannsdynastien in Nordeuropa, die noch heute davon zehren.

Gabriel beschwerte sich bei *Ihm*, dass sich *Heinrich der Seefahrer* durch gute Kontakte zu *Papst Nikolaus V.* die Legitimation des Sklavenhandels verschaffte. Nikolaus erließ am 18. Juni 1452 eine Bulle[71]. Der portugiesischen König wurde dadurch ermächtigt, die *'Länder der Ungläubigen'* zu erobern, die Bewohner zu vertreiben, zu versklaven oder sie in eine ewige Knechtschaft zu zwingen. Es sollen mehr als 17 Millionen Menschen gewesen sein, die man mit Hilfe des Papstes versklavt oder durch schwere Arbeit umgebracht hat.

Seine Planer drängten *Ihn* zu Strafexpeditionen, um dem Treiben Einhalt zu gebieten. Da das bisher gut entwickelte Europa und alle auf der nördlichen Halbkugel liegenden Reiche in diese verwerflichen Taten einbezogen waren, schieden Bestrafungen der begünstigten Länder etwa mit einzelnen Vulkanausbrüchen oder Überschwemmungen als wirkungslos aus.

Sie entschieden sich deshalb für eine *längere Hungersnot* und senkten die Temperaturen so weit ab, dass die Winter länger, die Sommer kühler und die Ernten schlechter ausfielen. Natürlich traf das auch wieder die Ärmsten der Armen. Sie mussten das Wenige mit den Herrschenden teilen. Das geschah zu Beginn der Jahre um 1500 <u>nach</u> Christus und dauerte fast 300 Jahre. Die Not der Menschen führte zu Unruhen und Revolution, leider ohne bleibende Veränderungen, aber doch mit neuen Ansichten im Kopf, dass man nicht mehr alles glauben musste.

---

[71] päpstliches Dekret: ´Päpstliche Bulle´, Urkunde im Mittelalter, speziell gesiegelt mit einer Bulle, lat. *bulla:* Blase, meist nicht, wie sonst üblich, mit Wachs, sondern mit einem Bleisiegel versehen. Siehe auch: [(https:// https://de.wikipedia.org/wiki/P%C3%A4pstliche_Bulle), aufg. 28.Febr.2024]

(wIR)[72] kommen auf einen aktuellen Fall zu sprechen, der sich Anfang des 20. Jahrhunderts n.Chr. in Afrika ereignet hat.

Es ging um den Staat Ruanda, einer ehemaligen deutschen, dann belgischen Kolonie in Ostafrika [nach dem Ersten Weltkrieg], nordwestlich von Tansania. Unter den Augen der demokratischen Weltöffentlichkeit kam es in Ruanda zu einem Völkermord von ungeahnten Grausamkeiten zwischen den Volksgruppen der *Tutsi* und *Huti*.

Die meisten der ehemaligen Kolonialstaaten von Europa verkündeten ihre (sogenannten) *Werte* als Demokratien in Vertretung und Durchsetzung von Humanität und Menschenrechten. Sie verfügten über die notwendigen Machtinstrumentarien, diese Werte auch anderen Staaten zu ´vermitteln´, haben es aber nicht vermocht, in dieses unglaubliche Massaker einzugreifen.

Innerhalb weniger Monate sind im Jahr 1994 fast eine Million Menschen, Frauen, Kinder, ganze Familien grausam ermordet worden[73]. Die damalige Regierung hat es geduldet, dass staatliche Einrichtungen, wie Polizei und Militär das Volk der *Huti*, meist-Ackerbauern, mit Hass zum Genozid an den *Tutsis*, den Viehzüchtern, angestachelt haben, ihre Mitbewohner in der Nachbarschaft zu ermorden.

---

[72] Wir erinnern uns, dass Wortmeldungen, – in der Formatierung herausgehoben-, aus dem Off *(wIR)* als Allgemein (gültige) Meinung in die Debatte einbezogen werden [*siehe Erklärungen im Vorspann des Buches*].

[73] Der international als Völkermord in Ruanda mit Gewalttaten bekannt geworden ist, hat in der Zeit vom 7. April 1994 bis Mitte Juli 1994 in unglaublichen Massakern, vornehmlich von Hutis an der Tutsi-Minderheit 800.000-1.000.000 Menschenleben gefordert. Dreiviertel der Tutsi Minderheit wurden dabei umgebracht. International wurde diesen Massakern tatenlos zugesehen. Die Täter waren Angehörige der ruandischen Armee, der Garde des Präsidenten, der Gendarmerie und der Verwaltung. Der Hass gegenüber der Tutsi-Minderheit war so groß, dass sich an den Tötungen auch weite Teile der Huti-Zivilbevölkerung beteiligt haben. Siehe auch: [(https://de.wikipedia.org/wiki/V%C3%B6lkermord_in_Ruanda), 20. März 2024].

Der damalige Präsident *Juvénal Habyarimana*[74], ein Hutu, ist am 6. April 1994, nach 20jähriger Diktatur, bei einem nicht aufgeklärten Flugzeugabsturz ums Leben gekommen. Er habe die Huti gegenüber den Tutsi gefördert. Am 19. Juli 1994 wurde *Kagame* Vizepräsident und Verteidigungsminister von Ruanda. Er hat mit der von ihm gegründeten Ruandische Patriotische Front (RPF) das Land befriedet.

Nun ist die ehemals größte Kolonialmacht Großbritannien im Jahr 2023 auf die Idee gekommen, ihre Migranten, – meist aus Ländern, die vorher durch die europäische Kolonialstaaten ausgebeutet wurden –, dorthin zu deportieren, wo sie nie zu Hause waren, auch nicht von dort gekommen sind. Ruanda war damals ein sehr kleines, wohl das pro Quadratkilometer bevölkerungsreichste Land von Afrika. Das Land hat sich nach diesem Massaker zu einer prosperierenden Demokratie, aber auch mit despotischen Elementen entwickelt, das bereit war, gegen eine Zahlung von 450 Millionen $ und eine Gebühr für jeden aufgenommenen Flüchtling von 175.000 $ die ´Last der Migranten´ in Großbritannien zu mildern. Paul Kagame[75] führte das Land mit straffer Hand, wie einige Oppositionelle verlautbarten, schien aber, wie auch zu hören war, der ´Liebling des Westens´ gewesen zu sein.

Weil in Deutschland, während der Regierungszeit der ´Ampel´, ein Forschungsverbot für moderne atombasierte Energietechnologien bestanden hat, sind deutsche Physiker nach Ruanda gegangen, um dort einen *Dual Fluid Reaktor*[76] zu bauen, der gegenüber der

---

[74]Juvénal Habyarimana (* 8. März 1937; † 6. April 1994 bei Kigali) war von 1973 bis zu seinem Tod Präsident Ruandas, [(https://de.wikipedia.org/wiki/Juv%C3%A9nal_Habyarimana), 11.3.2024]

[75] *23. Oktober 1957, seit 22. April 2000 Präsident von Ruanda, siehe auch: [(https://de.wikipedia.org/wiki/Paul_Kagame), 11. März 2024]

[76] »*Ruanda hatte sich für eine Partnerschaft mit Dual Fluid entschieden. Das Reaktorkonzept sei innovativ, effizient und naturfreundlich […]. Ruanda war bereit, flexible Strukturen zu schaffen, die schnelle Ergebnisse liefern und Innovationen fördern, ohne die Sicherheit zu vernachlässigen*«, sagte der CEO Fidèle Ndahayo der Ruandischen Atomenergiebehörde. »*Dual Fluid legt einen*

bekannten Atomenergie-Technologie wesentlich effizienter war, sogar die Aufarbeitung von Atommüll bisheriger Reaktoren zu strahlungsbeherrschbaren Abfallprodukte ermöglichen konnte: Die für 1 Million Jahre[77] gefährlichen, radioaktiven Atomabfälle nach bisheriger Technologie könnten mit dieser modernen Atom-Technologie innerhalb von einigen Jahrhunderten zum gefahrlosen Abklingen der abgebrannten Brennelemente gebracht werden. Allerdings war zum damaligen Zeitpunkt das Verfahren noch nicht ausgereift.

Religionen und Politik

Nachdem der Mönch Martin Luther mit seinen Thesen im Jahr 1517 eine Religionsreform eingeleitet hatte, trat ein, was *Michael* befürchtete. Aber *Er* ließ alles gewähren und wollte sehen, wie weit das Selbstbewusstsein der Menschen gereift war. Wie nicht anders zu erwarten, wurde der streitbare Reformer vor das oberste Religionsgericht nach Worms beordert und auch ihm, wie es schon in der Vergangenheit mit anderen kritischen, klugen Denkern geschehen war, mit Strafen, Folter und Tod gedroht.

Gabriel hatte Luther zu dessen Schutz auf offener Straße kidnappen lassen und auf der *Wartburg in Thüringen* versteckt. Dort blieb er einige Zeit als *Junker Jörg* und übersetzte die Bibel in eine Sprache, die nun auch vom einfachen Volk gelesen und verstanden wurde. Jeder konnte sehen, was ihnen als Dichtung oder Wahrheit von den Oberen vorgemacht wurde. Nun stritten die Menschen,

---

innovativen Kernreaktor vor, der die weltweiten Kernbrennstoff-Ressourcen wesentlich besser nutzen kann als anderen Reaktortypen. [..] Nach abgeschlossener Entwicklung wird Dual Fluid eine nachhaltige, wirtschaftliche und sichere Energiequelle für die nächsten Jahrhunderte bieten.«: Professor Rafael Macián-Juan, Lehrstuhl für Nukleartechnik, TU München, siehe auch [(https://dual-fluid.com/de/) 11.3.2024].

[77] Das damalige deutsche *Gesetz zur Suche und Auswahl eines Standortes für ein Endlager für hochradioaktive Abfälle* (Stand AG) [(https://www.gesetze-im-internet.de/BJNR107410017.html), 24.10.2024] sah gemäß Paragraf 23, Abs. 4, eine sichere Lagerung bis zu 1 Million Jahren der unterschiedlichen Radionukliden vor, die Halbwertszeit von Plutonium-239 beträgt z. B. 24.000 Jahre.

auch in langen Kriegen (einer dauerte mehr als dreißig Jahre), um die ´richtige´ Auslegung der christlichen Lehre.

Die Planer hatten, weil sie in viele andere Projekte *Seiner* Schöpfung einbezogen waren, bisweilen den Überblick verloren. Es schien *Ihnen* aber, dass im Kopf der Menschen, insbesondere bei den Herrschern, die Einsicht gereift war, das Leben nicht mit dem Abschlagen von Köpfen, der Vergewaltigung von Frauen oder mit dem Abfackeln von Häusern zu verbringen. Ihnen steckte der Aufstand der Bauern im thüringischen Mühlhausen noch in den Knochen, den der *Pastor Thomas Müntzer* (1489-1525) angeführt hatte. Sie haben zwar die Aufmüpfigen besiegt und die Rädelsführer aufgehängt, aber sie sahen in der erbärmlichen Lage der Bauern auch eine Gefahr für ihre eigene Zukunft.

Wenn die Ausbeutung der Menschen durch die Eliten nicht gänzlich deren Lebensmut raubt, würde auch ihr Leben – und das der Eliten – ruhiger verlaufen. Sie wollten ihre schönen Burgen und Schlösser, das vorzügliche Essen, die Ablenkung im Müßiggang durch Mätressen, Musiker, Gaukler und Maler, die ihnen prächtige Porträts oder Kompositionen widmeten, nicht aufs Spiel setzen. Vielleicht würden die Brosamen von den Tischen der Reichen, wenn auch bescheiden, dem gemeinen Mann doch etwas Freude verschaffen, hofften die Planer.

Es begann eine Zeit, – etwa 1600 Jahre nach Christus –, in der die Menschen lernten, Freude am Leben zu haben und das Schöne bewusst zu genießen. Sie konnten Fahrzeuge bauen, mit denen sie über die Weltmeere fuhren und berechnen, wo sie sich gerade befanden. Sie hatten die Kunstfertigkeit erlangt, mit Musikinstrumenten und in schönen, aufgeschriebenen Worten, aber auch mit Zeichnungen und Gemälden ihre Empfindungen, Landschaftsabbilder oder einfach nur das *abstrakte Schöne* auszudrücken. Und sie erfanden allerlei Maschinen, die ihnen das Leben erleichterten. Die Könige und Kaiser, aber auch die kleinen Fürsten, gaben Geld für diese Dinge aus und leisteten für die Bildung und die Art zu leben, Nützliches. Lukas Cranach, die Familie Bach, Ludwig van Beethoven, Georg Friedrich Händel, Johann Wolfgang von Goethe und Friedrich Schiller, der Bibelübersetzer Luther und viele andere prägten die Kultur als eine Ausdrucksform, auch des Abstrakten, im menschlichen Denken und der Kunst.

Natürlich gab es auch weiterhin Auseinandersetzungen und Kriege, daran hatten sich die planenden Erzengel zwar nicht gewöhnt, aber hingenommen und gehofft, dass durch die Förderung der Vernunft eine Besserung erreicht würde. Die Alternative wäre allerdings eine Radikallösung: Die totale Vernichtung, wie die der Saurier in der Frühzeit. Es war aber nicht mehr so einfach, wie in Sodom und Gomorrha, weil es nicht mehr um eine Stadt oder um ein begrenztes Gebiet ging.

Durch die starke Vermehrung der Menschen war ein globales irdisches Problem entstanden. Das konnte nicht einfach, wie damals in ein Chaos gestoßen werden. Es hatten sich in der Vergangenheit neben einer Reihe von verbrecherischen Herrschern auch sehr wohlwollende Menschen verdient gemacht.

Sie meinten in *Karl dem Großen*, einen alles in allem positiven Herrscher gefunden zu haben, der trotz seiner Eroberungskriege 46 Jahre bis 814 n.Chr. als Kaiser regiert hat. Allerdings hatte schon sein *Vater Pippin* mit dem damaligen *Papst Stephan II.* gekungelt, der durch Gegenpäpste und byzantinische Herrscher bedroht worden war.

Pippin griff ein und vermachte dem Papst sogar Ländereien. Der revanchierte sich: Pippin und seine beiden Söhne wurden mit päpstlichem Segen zu Frankenkönigen gekürt. Als der Vater starb, übernahmen Karl und am Anfang auch dessen Bruder die Amtsgeschäfte.

Nach dem Zerfall des römischen Reiches hatten sich aus den Resten im Osten das *byzantinische Reich*[78] und die *langobardischen Königreiche* im Süden und Norden *Italiens* gegründet. Die Langobarden galten als Feinde des Papstes und ihr Reich war über Jahre gesetzlos und chaotisch. Karl räumte damit auf und stand Ostern 774 n.Chr. vor Rom, wo ihn der damalige *Papst Hadrian* [79] ehrfürchtig empfing.

In den nächsten Jahren seiner Herrschaft brachte er den ´Sachsen im Osten´ *Staatsräson* bei, wurde von den arabischen Besetzern der spanischen Halbinsel, die ihrerseits durch Berber aus dem Land vom anderen Ufer attackiert wurden, um Hilfe gerufen und hat auch dort für Ordnung gesorgt, bis er schließlich die

---

[78] Byzantinisches Reich, 330-1453 n.Chr., Gegründet von Kaiser Konstantin, dem Großen, Verlegung der Hauptstadt von Rom nach Konstantinopel (heute Istanbul).
[79] Papst Hadrian I.; Papst von 772 n.Chr. bis zu seinem Tod 795 n.Chr.

Awaren[80], das waren die heimisch gewordenen *Reiternomaden aus Asien*, in seine Reihen aufnahm und auch später den *Bajuwaren*[81] zeigte, wo es ´*lang zu gehen*´ hat.[Siehe auch https://de.wikipedia.org/wiki/Agilolfinger]

Die Planer waren sich nicht einig, ob man einen Herrscher an seinen Eroberungserfolgen und an den kulturellen Errungenschaften für die Menschen messen sollte, oder eine natürliche ´*Gemeinschaft in Harmonie*´ wertvoller sein würde. *Gabriel* neigte zum sanften Weg, aber der Pragmatiker *Michael* dachte eher im Sinne von der ´*Zweck heiligt die Mittel*´. Eine funktionierende Regierungsordnung, wie sie mit Karl und seiner Kaiserkrönung durch *Papst Leo* im Jahre 800 möglich wurde, sah *Michael* als notwendige Voraussetzung für ein geordnetes soziales Leben, in dem nicht jeder machen konnte, was er will.

Dass *Karl der Große*[82] fünfmal verheiratet war und nebenbei noch eine Reihe von Nebenfrauen hatte, spielte dabei keine Rolle. Für ihn war die Ordnung in den Dingen des Lebens wichtiger, als vereinzelt lebende Stämme, die sich wegen Nichtigkeiten töteten.

---

[80] …hervorgegangen in der Zeit des 5.-9. Jahrhunderts n. Chr. aus verschiedenen Reitervölkern und Stämmen, die mit den Slawen und Völkern von Zentral- und Ostasien Verbindung hatten. Sie galten über mehr als 200 Jahre als Machtfaktor zwischen den Fränkischen und Byzantinischen Reichen. Karl der Große hat im 9. Jahrhundert die Awaren besiegt. Von da an verloren sie ihre politische Bedeutung und ihre kulturelle Selbstständigkeit.
Siehe auch: [(https://de.wikipedia.org/wiki/Awaren#Awarische_Fr%C3%BСh-zeit_(bis_561)); 19. Februar 2023].

[81] »*Die Bajuwaren, schlechthin als die modernen Bayern zu betrachten, trifft nicht zu und ist komplizierter, wenn man die Wissenschaft zurate zieht. Erklärt werden sie als frühgeschichtlich, germanisch-ethnisch ungeklärter Herkunft an der Donau […], deren ursprüngliche Namensform der Bayern, der Bevölkerung eines Mitte des sechsten Jahrhunderts entstandenen Stammesherzogtums, das den Großteil Altbayerns, Österreichs und Südtirols umfasste […] und sich unter der, vom fränkischen Königshaus initiierten Herrschaft der Agilolfinger Herzöge aus der gemischten Bevölkerung der Bajuwaren entwickelte*«. [Bajuwaren: Wikipedia (Fischer, 1988)]

[82] Auch als Karl I. benannt, geboren April 747(oder 748); gestorben im Januar 814 in Aachen; am 25. Dezember 800 Krönung zum Kaiser durch Papst Leo III.

Michael stärkstes Argument war, weil *Er* die künftige Entwicklung voraussehen konnte, dass es ohnehin zu einer Vereinigung in Europa kommen würde, was *Er* als eine Hoffnung für das ´Gute´ sah. *Karl I.* wurde schon zu seinen Lebzeiten als *Vater Europas* verehrt. Das schien über das Ziel hinauszuschießen. Zweifellos verdankte ihm die Menschengesellschaft einen großen Zuwachs an Wissen im Allgemeinen und an künstlerischen Werken im Besonderen. Dass Karl dreihundert Jahre nach seinem Tod vom Papst heiliggesprochen und er in *Seine* Nähe gerückt wurde, war ziemlich übertrieben und anmaßend.

Dennoch war es Karl hoch anzurechnen, dass er nicht nur über die Landesgrenzen hinweg politische und wirtschaftliche Beziehungen unterhielt. Er hatte Bagdad in vielen Reisen mit Gesandten politisch an sich gebunden. Auch die Reste des römischen Reiches, Byzanz an der Ostküste des Mittelmeers, wusste er in einer Hassliebe unter Kontrolle zu halten.

Gabriel bewunderte ihn, weil es Karl sicherlich nicht immer leicht fiel, mit dem gesamten Hofstaat als reisender König durch sein Reich zu ziehen, um sich auch in den entlegensten Winkeln zu zeigen, vor allem aber regelmäßig in Rom bei den Päpsten vorbeizuschauen, die einen fragwürdigen Lebenswandel führten und von Nebenpäpsten bedroht wurden. Er gab ihnen die Gewissheit, dass er, der Große Karl, das Christentum schützen und verbreiten werde und sie waren zufrieden, dass auf diese Weise der ´Ablass der Kirchen´ ihnen auch weiterhin ein angenehmes Leben sichern würde.

Das stolze Römische Reich, das das Christentum im 4. Jahrhundert zur Staatsreligion erhoben hatte, verlor dann aber *Seine* Fürsorge. Es teilte sich. Das Kerngebiet löste sich zweihundert Jahre später auf. Zunächst machten sich dort die *Langobarden* breit.

Die Reste des alten, geteilten römischen Reiches hatten sich noch fast tausend Jahre am östlichen Mittelmeer um Konstantinopel behauptet. Die *osmanische Dynastie* — aus einem kleinen Nomaden-Königsstamm im 13. Jahrhundert hervorgegangen — machte aber dann dem Oströmischen Reich zweihundert Jahre später und nach vielen kleineren Angriffen 1453 den Garaus.

Im Jahr 800 hatte der Papst Leo III. Karl zum ´Karl den Großen´, Herrscher des ´Heiligen Römischen Reiches´ gekrönt, später ergänzt mit dem Zusatz ´Deutscher

Nation´, das bis zum 6. August 1806 bestanden hat. Napoleon hatte mit diesem Tag den letzten römischen *Kaiser Franz II.*, den Habsburger, zum Abdanken gezwungen. Fortan waren es die Türken, die bis in die Stammesgebiete des *Karolinger Reiches* vorstießen und mit Waffengewalt vier Jahrhunderte lang ein straffes Regime führten.

Auch sie verhielten sich nicht anders als die Herrscher vor ihnen. Sie gaben vor, als Beschützer für die eroberten Gebiete Verantwortung zu übernehmen und die lokale Religion zu bewahren. Aber als sie dann fester im Sattel saßen und wussten, wie die Dinge in diesen Ländern liefen, kannten sie kein Pardon und haben das durchgesetzt, was sie wollten und für richtig hielten (und auch heute noch von modernen Imperien praktiziert wird).

Dieses Prinzip der Landnahme und der Unterdrückung der beherrschten Völker hatte sich schon in den frühen Gesellschaften entwickelt und wurde auch in der Folgezeit immer wieder angewandt. *Michael* und *Gabriel* sahen mit Sorge, dass auch künftig Unterdrückung, Tod und Teufel für die unterlegenen Menschen die historischen Abläufe bestimmen würden.

Dazu kam es fast 2000 Jahre später, dass aus den verarmten Ländern sich gewaltige Flüchtlingsströme formierten und in den Ländern, die maßgeblich für diese Armut verantwortlich zeichneten, Zuflucht und ein bescheiden würdiges Leben suchten.

Königreiche

Wenn *Seine* Beauftragten die Entwicklung der ersten anderthalb tausend Jahre nach Christi Geburt Revue passieren ließen, stellten sie fest, dass alle *Ihre* Menschen-Hilfsprogramme zur Besserung durch Moses, Jesus und Mohammed ziemlich erfolglos waren.

Die Verdichtung der Gehirnmasse und die Fähigkeit zu denken, haben nur dazu geführt, dass sich die Menschen immer raffinierter umbrachten. Noch schlimmer wurde es, als sich besonders Skrupellose an die Spitze setzten und festlegten, wer getötet werden sollte.

Er haderte, dass es nicht gelungen war, wie bei den Tieren zum Schutz der gleichen Art einen ´*Demutsreflex*´ auch in den Köpfen der Menschen zu verankern. Die Menschen töteten und drangsalierten sich und schienen keinen Sinn und Freude an einem friedvollen Leben zu haben. *Er* bereute, nach der Vernichtung der Saurier das Evolutionsprogramm wieder begonnen und nicht alles im Stadium der ´*Affen*´ belassen zu haben. Nun war es zu spät: *Er* hatte sich auf der Generalversammlung des Universums verpflichtet, einen intelligenten Prototyp zu entwickeln. Es stand nach dieser Saurier-Katastrophe einfach zu viel auf dem Spiel.

Andere, auch geeignete Basisplaneten hätten wohl mit Freude auf einen möglichen Entwicklungsabbruch auf der *Erde* gewartet. So hat *Er* trotz aller Befürchtungen weiter zugesehen, wie sich die Planer *Michael* und *Gabriel* mit dem Schöpfungsprojekt abmühten und versuchten, die Entwicklung der Menschen im Guten voranzutreiben.

In Frankreich hatte sich aus den Ursprüngen des Karolinger-Reiches eine moderne Geisteshaltung entwickelt. Das Reich war riesengroß, niemals ging die Sonne unter. Und sein König nannte sich anmaßend ´*Sonnenkönig*´. *Ludwig XIV.* wurde schon als 4-jähriger, im Jahr 1643, gekrönt. *Er* führte 72 Jahre ein straffes, absolutistisches Regime.

An den Höfen der Herrscher standen Musiker, Tänzer und Maler in Lohn und Brot. Sie schufen Kulturschätze von bleibendem Wert, meist Abbilder oder Lobpreisungen ihrer Herren, deren Brot sie essen mussten und natürlich auch ´*deren Lieder sangen*´.

Dies gab *Gabriel*, dem Feingeistigen, die Hoffnung, nicht aufzugeben und die sichtbaren Ungerechtigkeiten und kriegerischen Auseinandersetzungen der Menschen als eine vorübergehende Erscheinung zu tolerieren. Aber als der Sonnenkönig starb und sein Enkel *Ludwig XV.* (1710-1774) den Thron übernahm, stiegen die Staatsschulden durch Kriege ins Unermessliche, die nun die Kinder und Kindeskinder des Volkes zu bedienen hatten.

Das traf den Ururenkel, *Ludwig XVI.* (1754-1793), der 1775 das Zepter übernahm und sich gegen England an der Seite der jungen *Vereinigten Staaten von Amerika* auf kostspielige Auseinandersetzungen einließ. Er hatte die Zeichen der Zeit nicht verstanden und zu spät bemerkt, dass sich die Verschuldung des

Staates mit Entbehrungen und Hungersnöten auf das Volk auswirkten —ein Fehler, der sich bis in die Moderne der Gesellschaften wiederholte.

Die Abgeordneten des ´gemeinen´ Volks riefen schließlich die Nationalversammlung aus, die sich im August gegen den Willen des Königs in einer Erklärung zu Menschen- und Bürgerrechten bekannte und eine Verfassung annahm. Das war am 17. Juni 1789.[83]

Dass nun nicht mehr die Könige und Kardinäle das Sagen hatten, sondern der einfache Mann von der Straße, hatte es bisher noch nicht gegeben. ´Freiheit, Gleichheit und Brüderlichkeit´ wurden die neuen Losungen. Davon waren all jene erschreckt, denen Abhängigkeit, Privilegien und Unterdrückung bisher Vorteile brachten.

Michael hatte schon früher mit Versuchen experimentiert, die Menschen durch Witterungskatastrophen zu bestrafen. Sie sollten Demut und Bescheidenheit lernen. So verdeckte *Er* 1783 nach einer gewaltigen Eruption entlang der Lakispalte[84] auf Island die Sonne mit einer riesigen Staubwolke. Das senkte mehr als ein Jahr die Temperaturen im Land. Es kam zu Missernten und zu Hungermärschen nach Paris. Da sich der König Ludwig XVI ziemlich verstockt *zeigte* und die Reformen der Nationalversammlung nicht annehmen wollte, wurde er und seine Familie gefangen genommen und wegen Hochverrats angeklagt.

---

[83] *Gabriel* schien für dieses Datum, des 17.Juni, einen besonderen Faible zu haben: Wichtige historische Begebenheiten fanden immer wieder an diesem Tag statt.:

17.Juni 1579: Weltumsegler Francis Drake annektierte das heutige Kalifornien;

17.Juni 1631: Der indische Großmogul lässt nach dem Tod seiner Frau mit der Errichtung des Grabmals Taj Mahal beginnen;

17.Juni 1885: Die Franzosen schenken den Vereinigten Staaten von Amerika für den Hafen von New York die Freiheitsstatue;

17.Juni 1940 besetzten sowjetische Truppen die baltischen Republiken Estland, Lettland und Litauen;

17.Juni 1953: Im Osten des geteilten Deutschlands gibt es einen Volksaufstand;

[84] 1783 am Pfingstsonntag ist auf Island die Laki-Spalte als bisher größter Vulkanausbruch auf einer Länge von mehr als 12 km aufgerissen. Die Eruption von Lava und Asche dauerte bis zum Februar 1784. Das Erdklima veränderte sich, sodass es in der Folge zu Missernten und zehntausenden von Hungertoten kam.

Seine Frau, *Marie-Antoinette*, die Tochter der *Kaiserin Maria Teresia* von Habsburg-Lothringen, überspannte den Bogen und empfahl dem hungernden Volk, statt *Brot doch Kuchen* zu essen, womit sie in die Geschichte einging (was von verschiedenen Historikern angezweifelt wird). Das kostete beiden den Kopf. Die Nationalversammlung verurteilte sie zum Tode; ihn − nun nicht mehr der König, sondern der *Bürger Capet*− im Januar und sie im Oktober des Jahres 1793 durch die Guillotine.

Die Dinge folgten jetzt einer neuen Ordnung, die den Planern gefiel. *Sie* glaubten, dass sich die Vernunft nun allgemein durchsetzen würde, wenn sich die Menschen zu einer Sache (lat.: *res*) einigten und sie nach einem Beschluss auch verwirklichten. So wurde in Frankreich 1792 eine Staatsform geschaffen, die die Menschen eine *Öffentliche Sache* (res publica) oder die *Sache des Volkes*, die *Republik* nannten. Die Revolution wurde von verschiedenen Interessenverbänden getragen und weitergeführt. Der wohl wichtigste war der der Jakobiner, die sich im Pariser Dominikanerkloster Saint-Jacques getroffen haben und von diesem Tagungsort ihren Namen bekamen. In diesen Clubs auch bei den Jakobiner gab es noch Royalisten, die als gemäßigt als Jakobiner-Mitglieder austraten. Nach verschiedenen Aufständen gegen die Jakobiner, insbesondere der Aufstand vom 31. Mai bis 2. Juni 1793 der Sanscqulotten, errichtete Robespierre 1793/94 eine Schreckensherrschaft, die nach dessen Sturz der Jakobiner Club am 11. November 1794 geschlossen wurde. Es kam zu Säuberungen (wieder eine Zeit der Guillotine), Verurteilungen, zu Auseinandersetzungen von Vertretern der konstitutionellen Monarchie aber auch des Mittelstandes mehrheitlich der Handwerker und deren Gesellen (Sansculotten genannt, übersetzt *ohne Kniehose;)*. Kniehosen wurden von den Monarchisten getragen und sind nun in der Kleidung durch lange Hosen ersetzt worden.

Wenn es die Regierenden übertrieben, nahmen meist Offiziere das Heft in die Hand und putschten. Der *Korse Napoleon*[85] Bonaparte, Sohn eines Landadligen, hatte sich in zahlreichen Feldzügen erfolgreich geschlagen und riss 1799 durch einen Staatsstreich die Macht an sich. Schon wenige Jahre später ließ er sich zum Kaiser krönen. Er schaffte Ordnung im Staatswesen Frankreichs, wo es in Verwaltung und Justiz drunter und drüber ging.

Gabriel freute sich deshalb über den Beschluss aus dem Jahr 1794 zur Abschaffung der Sklaverei, dem *Code Noir*[86], der allerdings – sehr zu *Seinem* Verdruss – im Jahr 1802 wieder aufgehoben wurde und bis 1848 nicht galt.

Diktator *Bonaparte* brachte eine ganze Reihe nützlicher Veränderungen in den Alltag der Menschen, aber die Kriegsraubzüge machten alles zunichte. Mit seinem Russland-Feldzug hatte er sich übernommen. *Er* wurde durch die Armeen der *Vereinigten Europäischen Königreiche* vor den Toren der Stadt Leipzig 1813 geschlagen, kehrte als gedemütigter Feldherr nach Frankreich zurück und wurde auf die Insel Elba verbannt.

Er kam noch einmal für 100 Tage an die Macht und wurde 1815 in der *Schlacht bei Waterloo* gegen Großbritannien und einem alliierten Heer aus Preußen, den Niederlanden, Hannover, Braunschweig und Nassau endgültig geschlagen. Vier Tage später am 22. Juni 1815 musste er abdanken; das französische Kaiserreich war damit beendet.

---

[85] Napoleon Bonaparte (1769 – 1821), französischer General, Diktator und Kaiser, initiierte das Zivilrecht, zahlreiche Eroberungszüge, die die Auflösung des *Heiligen Römischen Reiches Deutscher Nation* 1806; 1812 die vernichtende Niederlage gegen Russland und sein Sturz.

[86] Ludwig XIV (Der Sonnenkönig) erließ dieses Dekret 1685, um den Umgang mit den schwarzen Sklaven zu regeln. Es enthielt sechzig 60 Artikel und schrieb vor, dass in französischen Kolonien keine Juden leben durften, alle Sklaven römisch-katholisch getauft sein müssen und jede andere Religion, außer der römisch-katholischen verboten ist. Die Französische Revolution hat 1794 das Dekret abgeschafft, aber nie verwirklicht; Napoleons hat es 1805 ausdrücklich wiedereingeführt. Nach diesem Dekret galt die Sklaverei in französischen Kolonien bis ins Jahr 1848.

In Europa schien wieder Frieden einzukehren, nachdem sich die französischen Truppen und ihre Gegner in vielen Schlachten bekämpft hatten. Die Bauern waren froh, dass sie nicht mehr in den Krieg ziehen mussten, wieder ernten und die Getöteten beerdigen konnten.

In den Köpfen der Menschen vollzog sich eine Läuterung. Die Bildungsferne war einem *Bildungshunger* , – auch bei den ´einfachen´ Familien –, gewichen. Da die Bauern weder lesen noch schreiben konnten, mussten sie das glauben, was ihnen ihre Könige und Fürsten einredeten. Sie fühlten sich sogar geehrt für sie und *Ihn* zu sterben. Auch in den breiteren Volksschichten gab es nun einen bescheidenen Wohlstand. Die Menschen wollten nicht mehr einen sinnlosen Tod zur *Himmlischen Ewigkeit*, sondern ihr kleines, irdisches Paradies schon jetzt haben.

Sie begannen ihre Gefühle durch Musik und ihre Geschichten in Bildern und Skulpturen auszudrücken, bauten Straßen, überbrückten Täler und Flussläufe und konstruierten Eisenbahnen. Die Ärzte kannten sich im Inneren der Menschen aus, behandelten deren Gebrechen und Krankheiten und verlängerten das Leben der Patienten.

Lange Zeit schien im Wechsel von Kriegen, den Zerstörungen und dem Elan für den Wiederaufbau ein paradoxer Nutzen zu liegen. Mit jedem Neuanfang war das Alte überwunden und das Neue begann auf einer höheren Entwicklungsstufe. Aber auch das Böse folgte dieser Regel.

Stunde der Wahrheit

Er wollte von *Michael* und *Gabriel* wissen, ob die Entwicklung der *vernünftigen* Prototypen erfolgreich verlaufe und die Ergebnisse der *Evolutions-Voll-Ver-Sammlung* (EVVS) bald vorgestellt werden könnten.

Was die *körperlichen* Eigenschaften der Menschen betraf, waren sie zufrieden. Alles funktionierte: Die Nahrung wurde ordnungsgemäß zerlegt und verarbeitet, die Sensoren waren auf den elementaren Schutz des eigenen Lebens ausgelegt. Da die Menschen nachts schliefen, genügte das Tageslicht für eine ordentliche Bildgebung, die akustische Wahrnehmung wurde auf das allgemeine Frequenzspektrum des hörbaren Schalldrucks begrenzt, das auch bei den Tieren angelegt war und den übrigen Geräuschen der Umwelt entsprach. Sie hatten den Geruchssinn auf das Nötigste eingeschränkt, weitaus enger, als bei den Tieren, die ja mangels gegenseitiger Verständigung auf diesen Sinn angewiesen waren, um Partner oder Beutetiere aufzuspüren.

Gabriel hatte sich Mühe gegeben, das Hygiene-Gen bei den Menschen zu verstärken. Sie konnten sich reinigen, was den Tieren nur eingeschränkt möglich war. Diesen Vorteil schienen die Menschen jedoch nicht zu würdigen: Sie fingen an, sich mit fremden Duftstoffen zu maskieren, überspielten sogar ihre körpereigenen Gerüche oder sie verstärkten mit aufreizendem Parfüm ihre sexuellen Absichten.

Im fortgeschrittenen Alter wurde eine allgemeine Fettleibigkeit sichtbar, weil auch das Entwicklungsdefizit ´Unvernunft´ bei der Ernährung spürbar wurde. Die körperliche Fitness aus den Zeiten, als die Menschen sich ihre Nahrung sammeln und erjagen mussten, war lange vorbei, weil sie es nun verstanden, ihre Nahrung in ausreichender Menge zu speichern und Vorräte anzulegen. Dieser Vorteil war leider nicht überall gegeben, zwischen den Menschen herrschten unterschiedliche Lebensbedingungen. Es gab solche, denen es an nichts mangelte und andere, deren Nahrungsangebot mehr als dürftig blieb, die die hungern mussten.

Beide Planer waren im Großen und Ganzen mit der Entwicklung der intelligenzbasierten Eigenschaften zufrieden. In sinnvoller Arbeitsteilung konnten die Menschen Nützliches produzieren und nach Bedarf untereinander tauschen. Das galt für handfeste Dinge wie Maschinen, Gebrauchsgegenstände und Häuser, aber auch für Denkleistungen, die man brauchte, um etwas zu erfinden. Was in der Zeit der Faustkeile gegen Nahrung aufgewogen wurde, ist später mit seltenen wertvollen Metallen, wie Gold und Silber, abgegolten worden.

Für große Warenposten wurde der Ausgleich in Gold und Silber durch die großen Mengen sehr gewichtig. Deshalb verständigten sich die Menschen den Gegenwert auf ein fälschungssicheres Papier zu schreiben und es als ein gegenseitiges Versprechen für den Handel zu akzeptieren. Es entstanden Banken. Es war nun nicht mehr notwendig, die Waren in großen Karawanen mit sich herumzuschleppen, sondern sie konnten im Lager verbleiben und nach Bezahlung dort abgeholt werden. Das war sehr praktisch.

Sie hatten auch herausgefunden, dass Neugierde, – aber auch der Wunsch etwas als sein Eigen zu nennen –, die Lethargie aus Essen, Schlafen und Fortpflanzung aufzubrechen vermochte. Die Menschen lernten Nachbarn nach deren Eigenschaften und Fähigkeiten einzuschätzen und zu entscheiden, ob sich eine nützliche Zusammenarbeit lohnen würde. Sie trafen sich durch den Austausch von Waren mit anderen Menschen, lernten von ihnen ihre Muskelkraft durch neu konstruierte Arbeitsmaschinen zu schonen und entdeckten die Nützlichkeit von Erdöl und Erdgas. Als ihnen bei einem Gewitter der Blitz in die Behausung gefahren war, hatten sie das Feuer entdeckt und später herausgefunden, dass besondere schwarze Steine brennbar waren und ihnen eine lang anhaltende, wärmende Glut für die kalten Nachtstunden brachte. Sie entdeckten auch, dass sich das schwarzbraune, klebrige Pech, das sie schon in geringer Tiefe fanden, – mit Sand und Steinen vermischt – als Baumaterial eignete.

Michael und *Gabriel* waren trotz aller Enttäuschungen angenehm überrascht, was in kurzer Zeit, gemessen an der vergangenen Entwicklungsdauer von vielen Millionen Jahren, durch die Menschen geschaffen wurde: Autos, Flugzeuge und Schiffe. Sie holten wahre Schätze aus dem Boden.

Durch das Erdöl kamen einige Herrscher, die zufällig an den Quellen wohnten zu unermesslichen Reichtümern. *Michael* grummelte, »*diese Geschenke haben Wir für alle gemacht.*« Es ärgerte *Ihn*, dass gerade im Geburtsland von Mohammed, *Sein* wertvollster Bodenschatz in Prunk und Luxus verschwendet wurde. Diesen geschenkten Reichtum deuteten die Herrscher sogar – ziemlich anmaßend – als *Sein* Zeichen besonderen Wohlwollens nur für sie.

Gabriel verwarf den Gedanken wieder, ein epidemisches Exempel zu statuieren. Es würde zu viele Unschuldige treffen. Das hob er sich für eine Zeit 200 Jahre später auf, als tödliche Viren, die von Tieren in die Nahrungskette gekommen waren, das zivile Leben auf der ganzen Welt lahm legten.

Ein Erdbeben, das die Arroganz etwas durchschüttelt, würde vielleicht auch ausreichen, denn die Menschen beteten mehrfach am Tage und wähnten Kontakte mit *Ihm* zu erlangen. Sie würden das Zeichen verstehen, nahm *Gabriel* an. Er hat sich getäuscht. In den Offenbarungen von Mohammed gab es nicht die Geschichte vom Turmbau zu Babel, wohl aber das *Gebot zur Bescheidenheit*, was die Herrscher missachteten. In den Nordländern beriefen sich die Menschen auf das *Liebesgebot der Lehren von Jesus*. Doch ihr lockerer Lebenswandel widersprach dem. Es kam zu sexuellen Ausschweifungen, sogar mit Kindern. Auch religiöse Würdenträger steckten in diesem Sumpf.

Nicht nur Nachkommen zu zeugen, sondern miteinander Freude zu haben, hatte *Er* ausschließlich den Menschen vorbehalten. Aber die Menschen machten daraus ein Geschäft: Männer – gleich welchen Alters – konnten nach dem Gebrauch ihrer Zeugungsorgane die dann notwendige Erholungszeit durch Pillen verkürzen und sie erneut unter Spannung setzen. Das allerdings haben einige der Nimmersatten mit ihrem spontanen Herztod bezahlt, was viele der Menschen nicht davon abhielt, daraus ein besonderes Gewerbe – ziemlich unverhohlen als ´horizontal´ bezeichnet – machten. Aber auch das ´übersahen´ die Planer, weil es für manche, der wirtschaftlich und sozial Entrechteten ein bitterer und notwendiger Teil des Überlebens wurde.

´Jede Waffe habe nur begrenzt Munition´, hofften die Planer. Das werde alles regeln. Aber das war es nicht. *Gabriel* sorgte sich um die Qualität der Keimlinge. Eine gesunde Fortpflanzung könne nur durch jugendlichen Exemplare erfolgen. Das hatten *Sie* am Anfang so festgelegt. Aber den *Dipol des Widerspruchs*, wie *Gabriel* diese Verquickung von ´Genie und Wahnsinn´ in den Köpfen der Menschen bezeichnete, konnten *Sie* nicht durch Vernunft lösen. Jede gute Sache, die *Sie* ersannen, wurde von den Menschen zur tödlichen Bedrohung verkehrt.

Als die Menschen die Atomspaltung beherrschten, hätte nicht viel gefehlt und alles Leben auf der *Erde* wäre in einem Feuerball aus giftigen Strahlungen untergegangen. Deshalb suchten die Planer bei den Menschen nach der ´Empfindsamkeit´ und mussten erkennen, dass sie von ´Gier zur gegenseitigen Gefühllosigkeit´ getrieben werden. Das ging sogar so weit, dass in den zwanziger Jahren des 21. Jahrhunderts einige Politiker (denen offensichtlich *Iblis* das Gehirn ausgeblasen hat) in einem regionalen Krieg zweier fremder Staaten lautstark verkündeten, sie hätten keine Angst bei einer Konflikteskalation auf einen Atomkrieg (auch nicht im eigenen Land).

Vernunftbegabte Menschen wissen solche Ansichten vertreten ernsthaft aktive gegenwärtige Politiker. Das ist die eigentliche Gefahr für die Menschheit.

Die Menschen hatten nun auch gelernt, das Magnetfeld der *Erde*, ihre Heimat, zu verlassen und in die Unendlichkeit des Weltalls vorzudringen. Es war ihnen gelungen, ihre Flugkörper von der *Erde* aus zu steuern. Das Risiko für Streitereien war nun nicht mehr auf die *Erde* beschränkt: Viele Punkte im Universum konnten mit ihren Waffen erreicht werden. Das machte *Ihm* Sorgen. *Er* wollte und musste in der avisierten *Evolutions-Voll-Ver-Sammlung* (EVVS) zu diesem Thema eine Debatte führen.

Auch die moderne Sklaverei sollte zur Sprache kommen. Einige der Menschen überfielen schon früher die Schwächeren und verkauften sie wie eine Ware; heiratsfähige Mädchen und Frauen, später auch kräftige Männer und sogar Kinder. In der Endzeit machten sie es hinterlistiger. Durch *Verschuldung* und *Wucher* wurden ganze Familien, die sie für sich arbeiten ließen, versklavt, Frauen in besonderen Häusern, Fabriken gleich, gezwungen ihre Körper gegen Geld ´zu verkaufen´.

Es erzürnte *Ihn*, dass einige Menschenhäuptlinge *Seine*, auf das Gute gerichteten Programme pervertierten. *Er* hatte durch *Moses*, später durch *Jesus* versucht, *Seine* – durch die Menschen entstellten – Lehren zu korrigieren. Auch *Sein* Bemühen durch *Mohammed* die Menschen zu läutern, um die gegenseitigen Feindschaften und Herzlosigkeiten wenigstens zu mäßigen, waren gescheitert.

Obwohl der *Code Noir* nach der französischen Revolution den Sklavenhandel beendete, wurden viele Menschen bis in die Mitte des 19. Jahrhunderts durch raffinierte Methoden erneut versklavt.

Im 20. Jahrhundert wurden vom Deutschen Nationalsozialismus nach deren Gesetzen (vermeintlich) ´legal´ *jüdische* Nachbarn und *Menschen mit körperlichen Störungen* massenhaft getötet, perfekt, wie durch eine Industrie mit grausamen Technologien.

»Was habt ihr zugelassen?«, herrschte Er Michael und Gabriel an. »Ist das das Ergebnis MEINER Schöpfung? Ein Volk, das IHR MIR als hochstehend geschildert habt, wählt sich einen Verbrecher als Führer und alle folgen ihm, wie Lemminge in den Abgrund? Das ist der falsche Weg!«

Trotzdem gab es im Blick auf das Unermessliche des Universums immer noch die Hoffnung, die *Gene der Vernunft und der Gnade* zu verbessern für ein friedvolles Zusammenleben. So, wie *Er* es bei *Seiner* Schöpfung geplant hatte. Die Wissenschaft war inzwischen weiter vorangekommen. Die Menschen konnten Raumschiffe konstruieren, die den Erdenmond und später auch den Planeten Mars besuchen würden, sogar mit Plänen, menschliche Freiwillige dort anzusiedeln. Das aber wäre ein Rückfall in die *Unvernunft*, übertragen ein moderner Turmbau zu Babel.

Die extraterrestrischen Sicherheitsdienste fürchteten aber auch nach den irdischen Erfahrungen unkalkulierbare Risiken für den interstellaren Raum: *Unvernunft* und die *mangelnde Empathie* der Menschen könnten zu Raubzügen im All führen.

Erklärung (wIR)

Die Erzengel *Michael* und *Gabriel* und auch der *ALLMÄCHTIGE* tragen in diesem Bericht menschliche Wesenszüge. Dies ist (uNSER) methodischer Kniff, um in einer gewissen Distanz den Prozess, nicht nur der Menschwerdung, zu verfolgen.

Die Experimente mit Einzelgöttern brachten für bestimmte Aufgaben nicht den erhofften Erfolg. Es war zu riskant, die Ernte, das Wetter oder die Fruchtbarkeit ihrer Frauen von einem *Funktionsgott* zu erbitten, weil der Erfolg nicht zu garantieren war. Dieses System war auf die Dauer nicht mehr zu beherrschen. Die Planer verzettelten sich. So gaben *Sie* deshalb der Idee nach, das *Mehrgottprinzip* zugunsten des *Göttlichen Alleinherrschers* aufzugeben.

Sie versuchten, eine Drohkulisse mit einem Überwesen zu schaffen und glaubten, Zucht und Ordnung bei den Menschen zu erreichen. *Sie* beschlossen, den Menschen verschiedene Wege zum Alleinherrscher zu eröffnen, weil es bei ihnen unterschiedliche kulturelle Richtungen gab. *Er* sollte aber das Zentrum bleiben. Nur die Blickwinkel auf *Ihn* dürften sie ändern. Schon damals wurde deutlich, dass auch diese Zentralisierung der *Göttlichen Allmacht* problematisch werden würde. Jede dieser Religionen behauptete von sich die einzig wahre zu sein. Dadurch kam es immer wieder zu blutigen Auseinandersetzungen.

Gabriel war gegen den Vorschlag, *Ihn* zu einem ´Übermenschen´ zu erklären. Die Beibehaltung *Seiner* allumfassenden Transzendenz als GÖTTLICHES PRINZIP, wie es später in vielen Schriften erkannt, aber auch abgewandelt und missbraucht wurde, schien ihm als Regulativ für die Menschen erfolgreicher.

Die Menschen würden dann keine Gelegenheit haben, ihre Unzulänglichkeiten auf ein konkretes, in ihrer Vorstellung optimiertes Menschenwesen zu übertragen, um dann die Absolution für ihr Fehlverhalten zu erlangen. Die Menschen würden das Göttliche in sich und in ihrer Umwelt erkennen und als Maßstab für die soziale Entwicklung, der gegenseitigen Achtung, aber auch für eine kritische Selbstverantwortung betrachten.

Natürlich hätte es insbesondere in der letzten Phase der menschlichen Entwicklung, die sich sehr rasant nach dem Prinzip von Analyse und Synthese vollzogen hat, Wege der Umkehr gegeben. Die Menschen hatten erkannt, dass sie ihr Lebensumfeld niemals gänzlich zu erfassen vermochten und ihnen eine Steuerung im göttlichen Raum der Unendlichkeit versagt bleiben würde.

So ist dieser Bericht im Bewusstsein des menschlichen Unvermögens, aber auch in *Seiner* Allmacht zu verstehen: Die beiden Erzengel *Michael* und *Gabriel* und *Er* tragen zwar menschliche Wesenszüge, bleiben aber *Luftwesen* in der Verantwortung des unendlichen Ganzen und vor den Menschen verborgen.

Die Große Konferenz

Beginn

Die Einladung zur EVVS[87] erreichte *Gabriel* über den offiziellen Kommunikationskanal. *Er* war längere Zeit im Universum unterwegs. Aus dem Text und wie *Er* ihn verfasst hatte, erkannte *Gabriel*, dass *Er* wahrscheinlich nun selbst die Sache in die Hand nehmen wolle.

Michael hatte ähnliche Befürchtungen. Auch er war vorab informiert worden. Da sein Dechiffrierungssystem wieder einmal abgestürzt war, konnte er nur Bruchstücke entziffern. *Sie* waren, was *Sie* schon über einen langen Zeitraum

---

[87] EVVS :**E**volutions**V**oll**V**er**S**ammlung

vermutet hatten, zum Generalbericht aufgefordert. *Sie* sollten über den Entwicklungsstand der Primatenoptimierung referieren.

Aus der Teilnehmerliste erfuhren *Sie*, dass ein starkes Interesse bestand, die Entwicklungsergebnisse auf andere Himmelskörper zu übertragen, wobei *Sie* bei ihren Studien herausgefunden hatten, dass in erreichbarer Entfernung nur sechs Planeten mit ähnlich irdischen Lebensbedingungen infrage kämen.

Da die jeweiligen Gashüllen nicht hundertprozentig mit der Erdatmosphäre übereinstimmten, wären auch bei diesen Anwendungsfällen weitere Optimierungen im Gasaustauschsystem notwendig. Bei einigen war der Sauerstoffanteil höher als in der Erdatmosphäre und es bestand die Gefahr einer Sauerstoff-Überversorgung mit körperschädlichen Oxidationsprozessen. Dass es vereinzelt auch Methangasspuren gab, war aber nicht so entscheidend, weil es sich um relativ leicht zerlegbare Stoffgruppen handelte.

Sein oder NICHTSein

In seinem Referat wollte sich *Michael* mit den mechanischen, den rein stofflichen Aspekten der Menschheitsentwicklung befassen. Er erläuterte das System der Verdauung und die Sensorik von optischen, akustischen und sonstigen allgemeinen Reizen. Er bezog sich dabei besonders auf die Sinnesorgane am Kopf.

Die Verarbeitung der Daten, also die Wandlung von äußeren Reizen in Körperreflexe, war dann *Gabriels* Bericht vorbehalten. Von besonderem Interesse für die Teilnehmer waren aber die *vegetativen Impulsgeber*, die ohne eine bewusste Steuerung funktionieren müssen. Das waren die im Inneren des Körpers angelegten autarken sensitiven Rezeptoren, um die komplexen biologischen, chemischen und physikalischen Stoffwechselfunktionen zu gewährleisten.

Dazu zählten auch notwendige reaktionsautonome Abläufe, wenn in einer plötzlichen Überflutung optischer, akustischer oder geruchsintensiver Reize eine Beschädigung der Datenaufnehmer drohte. Dann musste es Sofortschutzmaßnahmen geben, wie das spontane Verschließen der Augen oder das Zuhalten von Nase und Ohren. Der Hauptanteil der wesentlichen Lebensfunktionen erfolgte aber durch eine direkte Umwandlung der Sinnesreize in mechanische

Reaktionen. So hatte beispielsweise der Bildsensor zu entscheiden, ob bei Begegnungen zweier Menschen noch akustische Informationen benötigt werden oder sofort zu reagieren ist.

In mehreren Zwischenberichten wurde die direkte Steuerung der Fortpflanzungsorgane über die Aktivierung spezieller Stimulanz-Sensoren herausgestellt. Aus einfachen äußeren Anregungen mussten komplizierte Entscheidungen getroffen werden, die das Körpersystem insgesamt und das weitere Leben der Individuen betrafen.

Die Planer hätten – wie auch bei den Tieren – ein Mindestmaß an Eigenschutz für die Menschen installieren können, besser müssen, um etwa nach einer kurzen optischen Bewertung eines frech oder aggressiv auftretenden Gegenübers den Flucht- oder Kampfreflex auszulösen. Das funktionierte bei den Tieren ohne ´Wenn und Aber´ durch den angeborenen Instinkt. Bei den Menschen hatte *Michael* viele Empathiesensoren installiert. Die Spanne zwischen Impuls und Reaktion verlängerte sich. Klärende Rücksprachen und die Bewertung feiner Gemütsregungen waren zu berücksichtigen. Gerade dies aber fürchteten sie in *Gabriels* Bericht. Das könnten die Teilnehmer kritisch sehen. Dann käme es zu bohrenden Nachfragen und zu kontroversen Debatten.

Es war nämlich nicht gelungen, bei den Menschen die *Demutsgeste*, ein Äquivalent zum Schwanzeinziehen der Tiere, vor dem finalen Todesbiss, vorzusehen. In den Beobachtungen zeigte sich immer deutlicher ein weiterer Defekt bei den Menschen: Aus einer wirklichen oder angenommenen Überlegenheit – physisch oder intellektuell – wurden Machtfantasien entwickelt. Daraus wurde eine selbstbestimmte Duldung zur gnadenlosen Durchsetzung abgeleitet und im schlimmsten Fall sogar ein göttlicher Auftrag reklamiert. *Gabriel* hatte dieses Phänomen zuerst bemerkt und dann, als es bei vielen beobachteten Auseinandersetzungen immer deutlicher in Erscheinung trat, auch mit *Michael* erörtert.

Neben der fehlenden Sensibilität der Menschen sich vor möglicher Selbstzerstörung zu schützen, kam nun eine ´Machtdominanz´ hinzu. Die Veranlassung für ein solches Gebaren lag in einem Persönlichkeitsmangel und hatte abstrakte

Züge. Viel später gab es dazu in den gesellschaftlich kultivierten Institutionen der Menschen das Streben nach Machtdominanz zu begrenzen[88].

Die Menschen hatten gelernt, ihr persönliches Wesen wissenschaftlich zu erfassen und philosophische Erkenntnisse und Handlungsanweisungen zu gewinnen, die ihnen sowohl die Eigenschaft der *Bescheidenheit* und als auch der *Demut* bewusst werden ließ. Auch die wunderbare Erfahrung von *Zuneigung* und *körperlicher Harmonie*, wurde, je weiter die Entwicklung der Menschen vorangeschritten war, von wirtschaftlichen Erwägungen bestimmt. Der Prozess der Fortpflanzung war nicht mehr von gegenseitigem Begehren bestimmt, sondern von einer Befriedigung der Lust ohne Verantwortung. Er wurde zur käuflichen Ware. Der egoistische Vorteil zum Nachteil des anderen überwog.

Er nahm an, dass eine gewisse Härte zum Überleben der Menschheit notwendig sei und zu viel an Gefühlen auch Schaden anrichten könne. Es mussten auch in der Nahrungskette der Menschen bestimmte Grausamkeiten begangen werden: zum Beispiel *Groß frisst Klein*. Zwischen den Menschen wurden immer wieder Kämpfe beobachtet, die einer gegenseitigen Ausrottung gleichkamen. Die emotionsentleerte Selbstvernichtung wurde zu einem Problem.

Vorträge

Auf diesem Entwicklungsniveau waren die Menschen als Prototyp einer Besiedelung für andere Planeten nicht geeignet. Das musste vor den Konferenzteilnehmern in aller Offenheit ausgesprochen werden. Anderenfalls würde sich sogar für *Seine* Planer ein Haftungsrisiko mit ungewissem Ausgang ergeben.

Die Teilnehmer der Konferenz waren über leistungsfähige Beamer in Echtzeit bild- und tonverknüpft. *Er* war nicht anwesend, hat aber die Konferenz weit entfernt, irgendwo aus dem All eröffnet. Es sollen, betonte *Er*, wichtige Entscheidungen und Ergebnisse zur Fortsetzung des Projektes *Vernunftbegabte, selbstregulierte Lebewesen* getroffen werden.

Michael begann den zweigeteilten Vortrag. Sein Bericht über die Verknüpfungen der Neuronenrezeptoren im Gehirn als wirkliches Novum der Evolution war knapp und sehr anschaulich gehalten. *Gabriel* erläuterte dann die im Gehirn

---

[88] (Ploeger, 2018), siehe Literaturverzeichnis am Schluss

ablaufenden komplexen Prozesse und hob Ihre Bemühungen und die erfolgreichen Praxisversuche hervor, nun auch die vererbbaren, nachteiligen Gene
'Unvernunft und Gefühlskälte' ausmerzen zu können. Leider waren bisher die Anstrengungen zur charakterlichen Läuterung der Menschen erfolglos: Die Menschen fielen nach kurzer Zeit immer wieder auf das Niveau von Raubtieren
zurück.

Gabriel wurde von einem Teilnehmer gebeten, die Tötungswerkzeugen zu er-
läutern. Dabei wurden auch die *Atomwaffen* und die globalen Vernichtungssys-
teme angesprochen. Die Teilnehmer wollten wissen, ob es durch die Menschen
möglich sei, diese Bedrohungen auf das gesamte Universum zu erweitern.

Michael antwortete zunächst aus seiner technischen Kenntnis und verwies auf
den großen Zerstörungsgrad bei Versuchsexplosionen. Problematisch dabei
war die Verstrahlung über Jahrtausende (im Höchstfall eine Million Jahre bis
zum Abklingen der radioaktiven Strahlung) und die Vernichtung aller Lebensgrundlagen für Menschen, Tiere und Pflanzen. Hoch entwickelte Organismen
würden vernichtet, allenfalls blieben primitive Einzeller erhalten, wie am Beginn der Schöpfung auf der *Erde*.

Man habe schreckliche Erkenntnisse nach dem Abwurf amerikanischer
Atombombe auf die japanischen Großstädten *Nagasaki* und *Hiroshima*. Obwohl
sich die damalige Entwicklung noch auf einem niedrigen Niveau befand, wurden durch die sonnenähnlichen Temperaturen der Atomexplosion mehrere
hunderttausend Menschen innerhalb von Sekunden getötet, einige verdampf-
ten sogar in ein Nichts.

Solche Berichte gingen den Planern unter die Haut. Sie waren indirekt an
dieser Entwicklung beteiligt. Die Menschen sind mittlerweile so weit fortgeschritten, dass sie diese Zerstörungen auch irgendwo im Universum anrichten
könnten.

Zweifel und Bedenken verdüsterten bei den Teilnehmern das Bild. Die vo-
rangegangene euphorische Zustimmung zu den präsentierten Ergebnissen *Seiner* Beauftragten trübte sich ein. Ein Abschlusskommuniqué gab es vorerst
nicht. Es konnten auch keine Entscheidungen über den Fortgang der weiteren

Menschheitsentwicklung getroffen werden. Die Teilnehmer baten um eine Bedenkzeit. Es handele sich doch um eine grundsätzliche Angelegenheit, die alle betreffen würde.

Die nächsten Beratungen verliefen für *Seine* Planer in höchster Anspannung. Sie hatten versucht, von *Ihm* etwas zu erfahren, aber *Er* wollte sich nicht in die Karten blicken lassen. Dann endlich meldete sich der Tagungsleiter – übrigens einer, der gerade die Kultivierung eines jungen Gravitationsfeldes kurz nach der Abkühlung in einem benachbarten Sonnensystem übernommen hatte – und teilte nach langen Debatten und in Abwägung aller Für und Wider die Empfehlung des Fachausschusses mit.

Der Vollversammlung (EVVS) wurde vorgeschlagen, der Empfehlung des Exekutivausschusses zu folgen. Zur Vermeidung von unabsehbaren Risiken sollte die Primatenoptimierung auf dem aktuellen Stand zunächst nicht weitergeführt werden. *Seine* Beauftragten wurden aufgefordert, innerhalb eines Jahres noch einmal einen zusammengefassten Statusbericht vorzulegen, um dann eine endgültige Entscheidung treffen zu können.

Entscheidung

Die erneute Sitzung fand nach einem Jahr – im Erdenkalender – am 8. Mai 2105 statt. *Michael* und *Gabriel* erhielten die Nachricht, sich für diesen Tag zur Netz-Videokonferenz bereitzuhalten. Für die zuständige Kommission der Evolutions-Vollversammlung (EVVS) wurde *Abaddon*[89] nominiert.

Die Vertretung *Seiner* Planer übernahm *Uriel*[90].

Abaddon leitete die Beratung. Er bezog sich auf die Berichte von *Michael* und *Gabriel*, die die Entwicklungsetappen in allen Einzelheiten erläutert hatten. Er erwähnte noch einmal die Initialzündung, die die Menschen inzwischen allge-

---

[89] ABADDON scheint nach den alten Schriften als Engel des Abgrundes angesehen zu werden, wobei göttliche Deutungen im Dunkeln bleiben, aber angenommen werden darf, dass er in göttlichem Auftrag straft.

[90] Bei URIEL streiten sich die Geister, ob er ein Erzengel war oder nicht. Einigkeit scheint aber zu bestehen, dass *er* ein von Gott Erleuchteter, des Hellen und des Lichtes war.

mein als Urknall (oder Big Bang) bezeichneten, ohne das Ereignis wirklich begriffen zu haben. Nur einige der hoch gebildeten Schlauköpfe wähnten, der Sache ziemlich nahe gekommen zu sein, weil sie mit ihren Instrumenten Signale erfasst hatten, die nach fast vierzehneinhalb Milliarden Jahren auf der *Erde* empfangen werden konnten und nach deren Meinung damals aller ´*Anfang Anfang*´ war, sich also der Urknall ereignet habe. [Die neuesten Messung der Wissenschaftler meinen, es seien ´nur´ 13,7 Milliarden Jahre gewesen; siehe John Hand: COSMO SAPIENS, S. 25][91]

Nun war allgemein auch bekannt, dass *Er* in dieser Frage nicht alle Karten auf den Tisch gelegt hat. Ob dies als Beginn von *Raum und Zeit* zweifelsfrei angenommen werden kann, oder ob es nach dem Theorem der Unendlichkeit weitere singuläre Materien – diskret verteilt – gibt, die auch in Zukunft neue Universen[92] hervorbringen könnten, blieb unklar. Auch für *Michael* und *Gabriel* war dies ein ungelöstes Rätsel.

Abaddon vermied es, auf die *Schwarzen Löcher*[93] und die *Wurmkanäle*[94] einzugehen. Er wollte erst Rücksprache mit *Ihm* nehmen, ob man den Menschen auf dem gegenwärtigen Entwicklungsstand und ohne ihre Fehlentwicklungen korrigiert zu haben, gestatten könne, hinter *Seine* Kulissen zu sehen.

Es hatte schon in *Seinem* Umfeld Irritationen gegeben, auch die beiden Erzengel *Michael* und *Gabriel* mussten sich eingestehen, weder von *Schwarzen Löchern*

---

[91] John Hand: COSMO SAPIENS – *die Naturgeschichte des Menschen von der Entstehung des Universums bis heute*, aus dem Englischen von Helmut Reuter; 1. Aufl. 2017, 877 Seiten ISBN 978-3-8135-0757-7, Albrecht Knaus Verlag, München.

[92] Das ist der Plural von Universum, den es eigentlich nach der allgemeinen Meinung derer, die etwas zu verstehen glauben, nicht gibt. Doch auszuschließen ist es nach einigen neueren Auffassungen auch nicht. Glauben wir an **ein** einziges Universum, das schon so aufregend genug ist.

[93] Verkürzt formuliert sind *Schwarze Löcher* nach dem Kollaps eines Sterns (Sonne) räumlich auf engsten Raum verdichtete Massen, die eine so hohe Gravitation haben, um selbst Licht ´einzufangen´. Sie erscheinen dann als schwarze Flecken im Teleskop. Siehe auch:[(https://www.spektrum.de/astrowissen/lexdt_s02.html#sl)aufgeruf.:21.01. 2023]

[94] Ebda.

noch von *Wurmkanälen* oder *Wurmlöchern* etwas gehört, geschweige denn verstanden zu haben. Die besten *Ihrer* menschlichen Exemplare hatten *Sie* in den modernen Wissenschaften übertroffen. Das nahmen *Sie* einerseits schmerzlich und selbstkritisch zur Kenntnis und hofften, *Er* erführe davon nichts. *Sie* freuten sich, dass sich diese wissenschaftliche und hoffentlich auch emotionale Kompetenz wenigstens bei einigen dieser großartigen Menschen in deren Denkleistungen zeigen würde.[95]

Menschen vom Format des eigenwilligen, aber hypergenialen Denkers, wie *Albert Einstein*, waren selten und so verwundert es nicht, dass sie *Seine* Sicht auf die Relativität von Raum und Zeit weder begriffen noch ernst genommen haben. Sogar Wissenschaftler, wie *Ernst Johann Gehrke*[96], verkündeten, alles in Bewegung zu setzen, um Einsteins behauptete Relativität zu widerlegen.

Das Wesentliche in *Abaddon*s Vortrag:

- *Einstein* nahm an, dass die Relativität von Raum und Zeit jegliche fest gefügte Denkgrenzen aufheben werde, weil alles in einem augenblicksbezogenen Koordinatensystem zu betrachten sei. Aber diesen Gedanken auszusprechen, würde die ohnehin mit den banalen täglichen Problemen belasteten Menschen völlig aus dem Gleichgewicht bringen und im Übrigen auch *Seine* Vorgaben verletzen. Sich aber vorzustellen, dass sich alles wieder auf einen Punkt konzentrieren könnte und es ein oder mehrere weitere Urknallereignisse geben würde, war auch für die Erzengel ein schwer vorstellbarer Gedanke.

- *Abaddon* verwies auf die in der Frühzeit abgebrochene Entwicklung und den Untergang der Dinosaurier, eine damals notwendige Zäsur. Dies aber waren die Gründe für *Seinen* Auftrag an *Michael* und *Gabriel*, die Abläufe der Evolution noch einmal von vorne zu untersuchen. Zunächst sollten Pflanzen und Tiere erschaffen werden. Sie sollten sich in

[95] *Stephen Hawking*/Roger Penrose; Raum und Zeit, Deutsch von Claus Kiefer, 3. Aufl. Februar 1999, Rowohlt Verlag GmbH Hamburg/Reinbek, ISBN 3498029347
[96] *Ernst Johann Gehrke*, 1. Juli 1878 bis 25. Januar 1960; deutscher Physiker; Gegner der Relativitätstheorie; Autor zahlreicher Schriften zu diesem Thema;

Harmonie mit ihrer Umwelt entwickeln. Als Bewahrer *Seiner* Ordnung sollte ein vernunftbegabtes Lebewesen wachen. *Seine* Konzeption sah vor, die bisherige Instinkt-Steuerung der lebenden Systeme durch bewusstes Denken zu ersetzen. Im Übrigen wollte *Er* einen Prototyp für vergleichbare Lebensräume im Universum schaffen.

- *Abaddon* hob hervor, da es schon einige erfolgversprechende Entwicklungen bei den Primaten gegeben habe, sei es richtig gewesen, diese Entwicklung weiter voranzutreiben, ohne das Bisherige infrage zu stellen. Er erwähnte auch die Empfehlung von *Ihm* auf einem Workshop an *Seine* Planer, den Evolutionsast der Primaten nicht zu verlängern, sondern einen Seitenweg zu eröffnen, um keine nachteiligen Einflüsse genetisch zu kopieren.

- *Abaddon* betonte: »*Wie sich dann aber zeigte, schienen einige negative Eigenschaften nicht getilgt, sondern sogar verstärkt worden zu sein. Wenn sich Tiere einer gleichen Art bekämpften, wurde bei dem Unterlegenen durch eine Demutsgeste der finale Todesbiss verhindert. Dies aber fehlt offensichtlich bei den Menschen*«, stellte er fest.

- Dennoch würdigte er die Optimierungsabsicht *Seiner* Beauftragten, diesen instinktiven Schutz aus der Tierwelt nicht mehr einzusetzen, sondern den Artenschutz durch ´*Vernunft*´, ´*bewusstes Analysieren*´ und ´*Entscheiden*´ zu gewährleisten. Aber die physischen Merkmale wie Körpergröße und Muskelkraft oder die intellektuellen Fähigkeiten gaben immer mehr den Ausschlag, wer bei den Menschen das Sagen hatte. Es dauerte nicht lange, bis das ´*Böse*´ überwog: Die Menschen wurden von Einzelnen gepeinigt, versklavt und getötet.

- »*Das ist die nüchterne Wahrheit*«, stellte *Abaddon* fest. Der Ersatz des unbedingten Selbstschutzes durch die Denk- und Bewusstseinsentwicklung sei für diese Schöpfungsserie gescheitert. »*Die Gesamtheit der Menschenherde ist in ´Herrscher´ und ´Beherrschte´ zerfallen. Die Konflikte haben sich immer weiter vergrößert. Nur nach Kriegen sind die Menschen aus eigener seelischer Betroffenheit über die Gräueltaten für einen gemeinsamen Neuanfang bereit.«*

- Obwohl *Abaddon* sich bei seinem Bericht bemühte, keine Gefühle zu zeigen, war dennoch seine Betroffenheit zu spüren. Die Bildung und die Entwicklung des menschlichen Denkapparates habe zwar viel Gutes bewirkt, doch würden das *Abartige*, die Entwicklung von Waffen und nicht zuletzt das atomare Zerstörungspotenzial eine Gefahr für den Artenbestand der Flora und Fauna auf der *Erde* und im All darstellen. *»Und überhaupt«,* wandte er sich an *Michael* und *Gabriel, »wie dumm sind denn die Menschen, die – auf Seine Zeiteinteilung bezogen – noch nicht einmal die Länge eines Wimpernschlages gelebt haben, sich aber so aufspielten, als ob ihre Tage nie vergehen würden?«*

Seine Planer hatten zwar Kritik, aber keine so vernichtende Ablehnung *Ihrer* Arbeit erwartet. Nun war *Uriel* ihre Hoffnung. Er vertrat ihre Interessen. In seiner Entgegnung, ohne die Defekte herunterzuspielen, bezeichnete *Uriel* die Evolution als einmalige Chance, auf einem Planeten des Universums selbstverantwortetes Leben zu gestalten.

Die Argumente von Uriel:
- ❖ Er verwies auf die Bemühungen von *Michael* und *Gabriel,* auch mit Unterstützung von *Ihm,* durch verschiedene Hilfsprogramme zweifellos vorhandene Fehler der Menschen zu korrigieren, um dennoch mit den erreichten Ergebnissen *Seinem* hohen Schöpfungsauftrag zu entsprechen.

- ❖ Uriel versuchte es mit guten Beispielen der Menschheitsentwicklung, erwähnte Franz von Assisi[97], auf den sich auch Papst Franziskus bezog,

---

[97] Franz von Assisi (*1181† 1226, Italien), Begründer des Ordens der Franziskaner, wird in der römisch-katholischen Kirche als Heiliger verehrt. Er lebte im Vorbild von Jesu Christus.

dann aus der Gegenwart den Staatsmann und indischen Philosophen Mahatma Gandhi, [* 1869, Porbandar, Indien; ermordet † 1948, Neu Delhi, Indien] den amerikanischen Bürgerrechtler und Baptistenpfarrer Dr. Martin Luther King [*1929, Atlanta, †1968 ermordet in Memphis, Tennessee, USA] und den Südafrikaner Nelson Mandela [*1918, Mvezo, Süd-Afr. 1963 bis 1990 politischer Gefangener; Staatspräsident 1994/99; † 2013], die sowohl in ihrem Denken und in ihrer Lebensführung die Würde jedes einzelnen Menschen als ein gleiches Recht vertraten. Ihren Kampf für dieses hohe Gut mussten sie mit ihrer Gesundheit und oft mit ihrem Leben bezahlen. Sie waren zu wenige und zu schwach für eine wirksame Veränderung.

❖ Obwohl auch *Uriel* Zweifel hatte, glaubte *er* durch die Erwähnung des *Moralischen* die Stimmungslage in der menschlichen Gesellschaft zu verändern. Er war immer überzeugt, dass ein starker Wille Berge versetzen würde, hatte aber dennoch Zweifel, ob es diesen starken Willen wirklich gab. Er hatte festgestellt, dass moralische Verwerflichkeit keine Frage der Intelligenz oder der geistigen Entwicklung der Menschen war, sondern nur die Fähigkeit vergrößerte, andere zu täuschen. *Uriel* stand für die Harmonie und das Erleuchtende. Er musste Entlastendes und Positives vorbringen.

❖ Der Bericht von *Abaddon* sei zu generell und nicht spezifisch genug, kritisierte Uriel. Es treffe zwar zu, dass es bedauerliche kleinere oder größere kriegerische Auseinandersetzungen gegeben habe, aber, wenn man ganz von vorne, also von den Ursachen ausginge, würde sich ein differenzierteres Bild ergeben.

---

siehe auch [(https://de.wikipedia.org/wiki/Franz_von_Assisi), (https://de.wikipedia.org/wiki/Weimarer_Dichtertreffen), (https://de.wikipedia.org/wiki/Felix_Timmermans), alle zuletzt geöffnet 3.1.2024]

❖ Am Anfang waren die Menschen zufrieden. Als sie aber feststellten, dass es den Nachbarn noch besser erging, befiel sie die Gier wie eine Krankheit, von der sie glaubten durch Räubereien geheilt zu werden. Aber diese Krankheit kam wieder und wurde schlimmer, bis sie sich schließlich die Köpfe einschlugen.

❖ Wäre nicht eine gemäßigte Gier nützlich? *»Was würde passieren, wenn ´Gleichgültigkeit zu Trägheit´ führte, sind daran nicht schon die Neandertaler gescheitert?«*, versuchte *Uriel* zu besänftigen.

❖ *»Neugierde und das Vorgegebene zu verändern, müsse nicht zwangsläufig zu Mord und Totschlag führen«*, protestierten die Konferenzteilnehmer. *»Wäre es — ganz im Gegenteil — nicht viel besser, wenn die Neugier jedes Einzelnen eine harmonische Zusammenarbeit begründen würde, von der alle Vorteile zögen?«*

❖ *»Das habe man ja probiert«*, fuhr *Uriel* fort. *»Aber wie allgemein bekannt ist, gab es dazu ein eindrucksvolles Beispiel des Scheiterns. Der Turmbau zu Babel und die nachfolgende Sprachverwirrung der Menschen, die Er dann in alle Winde zerstreut hat und die zu vielen familiären Stammesverbänden geführt hatten, haben ja belegt, dass eine fehlgeleitete, vermeintlich harmonische Zusammenarbeit gescheitert war. Nur mit einer Bildungsinitiative sind die Verständigungshindernisse zu beseitigen«*, stellte er fest.

❖ Aber gerade die Sprachverwirrung nach dem Turmbau zu Babel habe doch — durch viele Wortbrücken — eine Verbindung zu anderen Völkern und vielen Sprachfamilien geschaffen.

❖ Aus dem Alt- und Mittelhochdeutschen und vielen Spracheinflüssen Europas und Asiens ist das *Jiddische* der europäischen Juden maßgeblich geformt worden. Im Jiddischen ist ein ´Mentsh´ nicht nur im biologischen Sinne zu verstehen, sondern als ein vollkommenes, ganzheitliches Individuum ohne Fehl und Tadel. So verstehen es auch alle Menschen im englischen Sprachgebrauch, wenn sie von einem ´real mensch´ sprechen.

❖ Sind das nicht die Richtungen, die *Er* mit seinen Vorgaben an die beiden Planer meinte? Das gelte es doch zu betonen und weiter zu fördern. Das sei zwar richtig, doch in der Praxis ist davon wenig zu spüren.

Die Teilnehmer hielten *Uriel* aktuelle Beispiele von Versklavung in afrikanischen Ländern vor, die Ausbeutung von Frauen als Prostituierte, die Verarmung der Mehrheit, insbesondere der Kinder und eine allgemeine soziale Kälte, wenn es um Nächstenliebe im direkten und weiteren Sinne ging. Es habe sich seit dem aufgeklärten Mittelalter nichts verändert. Die Methoden seien sogar im Bösen effektiver geworden. Es würden auch heute noch in vermeintlich hoch entwickelten Gesellschaftssystemen Rechtlose gefoltert und in Käfigen gehalten.

Immer mehr der Menschen seien nicht mehr in der Lage, die einfachsten Lebensgrundlagen für sich zu schaffen. Wenige würden sich den gesamten Reichtum aneignen und verschwenden, der eigentlich von *Ihm* allen Menschen zugedacht war.

Sicherlich sei das Quälen von Menschen vor vierhundert Jahren im Einzelnen schlimmer gewesen, wenn man das Verbrennen bei lebendigem Leib, das Teeren und Federn, das Auf-ein-Rad-binden oder das Pfählen betrachte, doch müsse man dem entgegenhalten, dass die modernen Menschen industrielle Vernichtungsmethoden an ihren Artgenossen praktizierten. Sie seien in der Lage, sich mit raffinierten Waffensystemen auszurotten. »*Und wer*«, wurde *Uriel* vorgehalten, »*gibt die Sicherheit, dass keiner dieser Entarteten atomare Sprengsätze ins All schickt und damit zur unabsehbaren Bedrohung werden würde?*«

Die Konferenzteilnehmer waren durch die Generalberichte aufgewühlt. Es herrschte ein allgemeines, aufgeregtes Durcheinander. Das Bildungsargument von *Uriel* hatte die Konferenzteilnehmer nicht überzeugt. *Michael* und *Gabriel* hofften dennoch, dass ihre vorgeschlagenen Schutzmaßnahmen anerkannt würden. Nachdem sich durch die religiösen Hilfsprogramme keine Besserung der Menschen gezeigt hatte, experimentierten sie mit verschiedenen Gesellschaftsformen.

Nach den Erfahrungen der französischen Revolution war das Prinzip der Monarchie infrage gestellt worden. Die Umverteilung der Macht auf demokratisch gewählte Volksvertreter funktionierte nur eine kurze Zeit. Innerhalb der Gesellschaft hatten sich Parteien gebildet. Ihre Ansichten waren oft sehr verbohrt; manchmal nahmen sie religiöse Züge an und sie missionierten andere, auch mit Gewalt. Die tolerante Harmonie wurde zerstört. In Krisensituationen, nach Naturereignissen, Kriegen oder Hungersnöten kam es oft zu putschartigen Machtübernahmen.

Uriel wurden die faschistischen Systeme in Deutschland, Spanien, Italien und anderen Ländern vorgehalten, die ihre Völker mit verlockenden Ideen vereinnahmt haben, sie dann missbrauchten und am Ende Leid und Chaos hinterließen. Vorausgegangen war in den entwickelten Ländern Europas und Asiens, aber auch bei den Völkern in grauen Urzeiten, im frühen Afrika und Amerika, die Kolonialisierung mit all den Methoden der grausamen Unterdrückung, Ausbeutung und der physischen und psychischen Vernichtung der unterjochten schwächeren Völker.

»Das trifft zu«, entgegnete *Uriel*, *»aber es müssten im Kern die positiven Versuche gesehen werden, die zwar auch viele dunkle Flecken haben, aber bis zu einem gewissen Grad als Alternative gelten könnten«.* Er verwies auf die Demokratie in den Vereinigten Staaten von Amerika und Staaten in Europa, vergaß nicht die Vernichtung der indianischen Urbevölkerung und das Quälen von afrikanischen Sklaven als abscheuliches Verbrechen zu erwähnen, sah Kanada als halbwegs gutes Beispiel für ein Zusammenleben verschiedener Ethnien, hob dann das Geeinte Europa und insbesondere Deutschland hervor, das sich mit Unterstützung ehemaliger Kriegsgegner zu einer friedlichen Demokratie entwickelt habe, obwohl die einstigen Täter – nur dem Anschein nach geläutert – am Anfang im neuen Staat das Sagen hatten und es an korrupten Politikern im demokratischen System auch nicht mangele.

Wäre es nicht besser, mit der Würde des Menschen – jedes einzelnen – auf das Prinzip zurückzukehren, das *Er* mit der Entwicklung der Erde vorgegeben hatte? Wie verlogen sind Worte, die von einigen der Elite-Menschen in ihre Grundsatzpapiere geschrieben werden und sie doch mit hinterlistigen Handlungen dagegen (meist ungestraft) verstoßen (können)! Und ob man das noch als demokratisch bezeichnen könne, wurde *Uriel* gefragt[98].

Ein anderer Konferenzteilnehmer verwies beispielhaft dazu auf das traurige Schicksal der *Haida Nation*, das sich auf einer Inselgruppe an der Westküste des heutigen Kanada vollzogen hat[99]:

Uriel erwiderte: In einer Demokratie sei – in menschlichem Verständnis – auch ein solches Verhalten möglich. Diese eine Besonderheit, ´*The Winner Takes All*´ werde ähnlich auch im Unterhaus von Großbritannien praktiziert.

»Im Unrecht gibt es keine Gleichheit«, polterten nun aufgeregt und lautstark einige Konferenzteilnehmer.

Es würden noch wirksamere Instrumente benötigt, fuhr *Uriel* unbeeindruckt fort, um Fehlentwicklungen dieser Art zu begrenzen oder zu vermeiden, was ja gerade *Sein* Bemühen war und ist.

---

[98] ZDF Info, 11.4.2024, 18:45; Dauer: 01:30:41

[99] »Als die nördliche Halbkugel, auch das Landmassiv von Nordamerika in der Eiszeit, die 8000 Jahren vor Christi Geburt zu Ende gegangen ist, mit einer Eismasse teilweise bis zu zweieinhalb Kilometer Dicke überzogen war, blieb die Inselgruppe vor der kanadischen Westküste, British Columbia genannt, bis auf deren Westküstenregion eisfrei. Dort siedelte seit langer Zeit eine Volksgruppe, heute als Haida-Nation bekannt, die in Bewahrung der unglaublichen Artenvielfalt und nach den archäologischen Funden viele Jahrtausende, auch während der Eiszeit, in einer Ausgewogenheit mit der Natur gelebt haben, bis 1776 europäische Siedler, inzwischen Neubürger der Vereinigten Staaten von Amerika, diese Insel entdeckt und nach und nach zerstört haben. Uralte Bäume wurden gefällt. Im 19. Jahrhundert wurde durch erkrankte Seeleute eine Pockenepidemie in die Dörfern der Ureinwohner getragen. Die Bevölkerung wurde zu 92 % dezimiert. Ihnen wurde eine Schutzimpfung verwehrt. Die Kinder der verbliebenen Einwohner wurden ihren Familien entzogen und auf das kanadische Festland zur kulturellen Umerziehung in Sprache und Ansichten verbracht. Ist das human und mit Seinen Regeln zu vereinbaren?«[99].

(wIR) müssen uns in diesen Dialog einschalten. Dieses Unrecht an indigenen Völkern, wird in Kanada bis heute praktiziert. Der Rassismus zwischen der (vermeintlich) weißen Hochintelligenz und dem (vermeintlich) nicht Lebenswerten der Indigenen wird medizinisch immer noch praktiziert. Es gebe zwar ein entsprechendes Gesetz von 1928, das wohl nicht mehr angewendet werden sollte, aber noch im Jahr 2024 besteht. Indigene Frauen werden von straffälligen Medizinern zwangssterilisiert.[100]

Kinder von indigenen Familien in Kanada wurden den Eltern weggenommen, um sie in christlichen Schulen an die ´Zivilisation´ anzupassen. Das sind Verbrechen gegen die Menschlichkeit, die zwar die Regierung mit Ausgleichszahlungen wiedergutzumachen versucht, aber Unterschiede im Strafmaß gegen solche Verstöße (Menschenrechtsverbrechen) im Einzelfall bestehen.[101]

---

[100] Die Eugenik, nationalsozialistisch als Rassenhygiene bezeichnet, wurde wenige Jahre später von den Nationalsozialisten in Deutschland ebenfalls in Gesetzesform gebracht.

[101] Antje Passenheim [(https://www.sr.de/sr/sr2/sendungen_a-z/uebersicht/die_reportage/20240309_kanada_indigene_frauen_klagen_gegen_zwangssterilisierung_reportage_100.html); 6.3.2024, 11:00] ;

Aus dem Begleittext der Reportage

»Die Worte des Arztes haben bei Liz Esquega Narben hinterlassen: „Es ist besser, du stimmst der Abtreibung zu. Denn wir werden dir dieses Baby nehmen. So oder so." Die 17-jährige Kanadierin vom indigenen Volk der Anishiwabe wagte es nicht, dem weißen Arzt zu widersprechen. Unter Tränen und Medikamenten willigte sie ein. Doch was die Teenagerin nicht ahnte: Während der Abtreibung wurden ihr gleich die Eileiter verschlossen.

Erst Jahre später begriff Liz, warum sie keine Kinder bekam. Und ihr wurde auch klar, dass sie nicht die Einzige mit diesem Schicksal ist. Ein Senatsbericht belegt: Tausende indigene Frauen sind in Kanada im Einklang mit der Eugenik-Gesetzgebung über Jahrzehnte hinweg gegen ihren Willen sterilisiert worden. Und ebenso schockierend: Auch wenn es die Gesetze nicht mehr gibt - bis heute werden zahlreiche indigene Frauen in dem liberalen Land weiter zwangssterilisiert. „Seit den 1970er Jahren waren mindestens 12.000 Frauen betroffen", sagt Senatorin Yvonne Boyer, die in Ottawa eine Untersuchungskommission leitet. Und was bis jetzt bekannt ist, sei nur die Spitze des Eisbergs. „Es geschieht weiter. Während wir hier miteinander sprechen", sagt die Politikerin, die

Als *Uriel* sozialistische Prinzipien in der damaligen Sowjetunion anzuführen versuchte, um eine alternative menschenwürdige Ordnung zu benennen, fielen ihm mehrere Konferenzteilnehmer massiv ins Wort. Sie verwiesen auf Stalin und dessen Taten, die genauso perfide waren, wie bei vielen Herrschern, die schon im Altertum vorgaben, im Namen höherer Zwänge handeln zu müssen.

»Diese Verbrechen kann man nicht entschuldigen, aber fernab von ungezügeltem Konsum wäre es doch interessant, das Leben der Menschen auf ihre Bedürfnisse auszulegen«, versuchte *Uriel* eine Rechtfertigung. Auch in Demokratien seien solche Verbrechen nicht auszuschließen. *»Was denn das für ein utopischer Blödsinn ist,«,* warf ein Vertreter der Milchstraße ein: *»Das ist nicht zu leisten. Und im Übrigen war zu sehen, was aus dem Paradies im Garten EDEN geworden ist«.*

Uriel wurde philosophisch und bemühte einige urkommunistische Erfahrungen aus den Anfängen der Menschheitsgeschichte: *»Wenn in Harmonie und in innerer Zufriedenheit für den Lebensunterhalt selbst gesorgt werden könnte − ohne in Existenznöten leben zu müssen − würde das Versagen in einer Sache nicht mehr das Bestimmende sein. Das auslösende Moment der Gier würde verschwinden oder gar nicht erst entstehen«. »Denn«,* so folgerte *Uriel, »wenn der Einzelne keine Sorge um seine Existenz haben muss, brauchte er mit dieser Gewissheit weder Reichtümer anzuhäufen, um absehbare Lebenskrisen zu überstehen, noch Macht über andere zu erlangen, die für ihn arbeiten«.*

Nun hat *Abaddon* in die Debatte eingegriffen.

»Hat man sich denn keine Gedanken über die Ursachen dieser Fehlentwicklung gemacht? War es nicht so, dass mit Seinem Schöpfungsauftrag die tierischen Instinkte durch Intellekt und soziale Verantwortung ersetzt werden sollten? Was jetzt mit der Krönung der Schöpfung als Mensch präsentiert wurde, trägt die Züge der Gattung RAUBTIER. Doch die würden noch über den Menschen stehen, weil sie ihre eigene Art schont«.

---

selbst Wurzeln in der Ethnie der Méthis hat. Sie kämpft mit Politikerinnen, Aktivistinnen und Medizinern dafür, Zwangssterilisation im kanadischen Strafgesetzbuch als Straftat zu definieren und die Frauen für die erlittene Gewalt zu entschädigen. Mehrere Sammelklagen setzen die Regierung unter Druck.«

Abaddon war erregt. *Er* hatte erkannt, dass die Debatte am Scheidepunkt steht. *Michael* und *Gabriel* hatten zugelassen, dass in der frühen Phase der Menschwerdung das *Aktionsgen* nicht begrenzt worden war. Die Menschen waren bisweilen nicht mehr zu bremsen und schlugen im schlimmsten Fall alles kurz und klein. *Sie* hatten sich darauf verlassen, dass mit der Entwicklung des Gehirns die tierische Instinktsteuerung durch das abstrakte Denken zur Folgenabschätzung ersetzt werden würde.

»Es ist verabsäumt worden«, fuhr Abaddon fort, *»im Übergangsstadium zur Menschwerdung durch eine Genkorrektur Schutzmechanismen vorzusehen. Es wäre besser gewesen, zuerst die Hardware und dann die Software zu schaffen. Nun seien teuflische Trojaner impliziert worden, die den Schöpfungsprozess nachhaltig geschädigt haben«.*

Abaddon sprach *Uriel* direkt an. Der hatte eigentlich nur die anwaltliche Vertretung für *Michael* und *Gabriel* wahrzunehmen. Mit den beiden Erzengeln aus der Führungsebene wollte er sich nicht anlegen. Es würde dann auf eine Auseinandersetzung mit *Ihm* hinauslaufen. Das fürchtete er. *»Wenn schon auf den aktuellen Entwicklungsstand der Menschen eingegangen wird«,* versuchte sich *Uriel* zu verteidigen, *»müssten auch die Vorteile der bisherigen Entwicklung benannt werden«.* Es gebe doch auch eine ganze Reihe von Organisationen in der menschlichen Gesellschaft, die mit strengen Gesetzen solche Auswüchse bekämpften.

»Das stimme zwar«, unterbrach ihn *Abaddon,* *»aber die Ergebnisse für eine grundlegende Korrektur blieben weit hinter den Auswirkungen dieser menschlichen Konstruktionsfehler zurück«.* *Abaddon* sarkastisch: *»Die „Krönung der Schöpfung" ist ja nun in der Lage, die Gedanken anderer Menschen zu lesen und sogar zu manipulieren. Die Menschen haben sich durch Künstliche Intelligenz*[102] *technische Parallelhirne und Datenimperien geschaffen, die in Sekundenschnelle über Jeden der Gesellschaft ein haargenaues Handlungs-*

---

[102] *(wIR)* erinnern uns an IBLIS? Das ist der unsichtbare Engel des Bösen, der *Ihn,* aber nicht die Menschen, *Seine* Geschöpfe, liebt und mit *Ihm* gewettet hat, *die Menschen* zu verführen. Die *Künstliche Intelligenz* schien ein interessantes Feld zu sein, sie auf Abwege zu führen.

und Denkprofil erstellen könnten. Das nennt man jetzt wissenschaftlich verbrämt ´Transhumanismus´ [103].«

»*Was soll das?*«, erregte sich *Abaddon.* Die Menschen würden sich, – wie zu frühen Zeiten – aufschwingen, *Seine* Rolle zu übernehmen. Das könne nicht geduldet werden! Es sei schon so, dass jeder Mensch durch sein Smartphon einen ´*Digitalen Schatten*´ habe, der ihn sichtbar und angreifbar macht. »*Auf welche irrsinnige Weise wollen die Menschen ihre intellektuellen (Un-)Fähigkeiten eigentlich noch nutzen?*«, fragte *Abaddon* seinen Kollegen *Uriel.* Das sei weder *der* Auftrag noch *Seine* Erwartung für diese Schöpfung gewesen.

Sie sollten einen Prototyp entwickeln, der ´*Seine*´, dem Guten zugewandten Eigenschaften haben sollte, nicht aber *Seine* Allmacht.

Gerade die von *Uriel* hervorgehobene Bemühung, durch eine allgemeine Bildung die empathischen Entwicklungsdefekte zu beseitigen, habe sich doch ins Gegenteil verkehrt. Jetzt stehe man sogar an einer besonderen Schwelle: Die Menschen hätten ein Verfahren entwickelt, mit dem es möglich sei, *Sein* Schöpfungs-Monopol zu brechen. Mit CRISPR[104]können nun aus einzelnen Erbgutträgern bestimmte Sequenzen herausgetrennt werden, um sie durch andere Bausteine zu ersetzen. Was dabei nicht beachtet und erkannt wurde, ist, dass sich unter ungünstigen Konstellationen ein Krebsrisiko bei den Menschen ergeben kann.

---

[103] *Transhumanismus*: (Einige) Wissenschaftler prognostizieren die nächste Stufe der Menschheitsentwicklung. Dabei soll versucht werden, externe Technologien mit der Physis des Menschen, insbesondere seiner Gehirntätigkeit zu verbinden. Solche Entwicklungen muss auch Albert Einstein mit Schrecken gesehen haben: »*Ich fürchte mich vor dem Tag, an dem die Technologie unsere Menschlichkeit übertrifft. Auf der Welt wird es nur noch eine Generation aus Idioten geben*«. Siehe auch: [*Das indoktrinierte Gehirn: Wie wir den globalen Angriff auf unsere mentale Freiheit erfolgreich abwehren.* Mental Enterprises; (Eigenverlag), 2023, ISBN 978-3-9814048-8-3; Seite 294], und [ebd: Seite 293: John Osborne: »*Der Computer ist die logische Weiterentwicklung des Menschen: Intelligenz ohne Moral*«
[104] CRISPRS (Clustered Regularly Interspaced Short Palindromic Repeats); Heidi Ledford; Gentechnik: CRISPR verändert alles, Werkzeug der Genmanipulation; Spektrum.de 24.6.2015

Was *Er* in Millionen Jahren verantwortungsvoll und in kleinen Schritten wohl abgewogen geschaffen hat, können die Menschen nicht von einem Tag auf den anderen verändern[105]. Sie glauben, sich Menschentypen nach individuellen Wünschen konstruieren zu können! Diese Entwicklung ist mit allen Mitteln zu unterbinden, forderte *Abaddon*.

Und viel schlimmer sei die neueste Entwicklung, dass man mit einer entsprechend gefütterten Software den Todeszeitpunkt eines Menschen berechnen könne, um für die Lebensversicherungen und Krankenkassen den Aufwand zu optimieren.

Er hatte *Seinen* Beauftragten schwere Vorwürfe gemacht, die Fehlentwicklung nicht schon früher gestoppt zu haben.

Engel reden Tacheles
Unterbrechung

Nun meldete sich *Raphael*, der zu den beliebtesten unter den Erzengeln gehörte. *ER* hatte ihn als *Seinen* Beobachter in die *intergalaktische Evolutions-Vollversammlung (EVVS)* mit einem Sonderstatus entsandt.

Raphael bat um eine kurze Unterbrechung der Debatte und zog sich mit *Abaddon*, der die Beratung leitete, zurück. Er regte an, weil nun weitere kritische, wissenschaftliche Erkenntnisse und folgenschwere negative Bemühungen der Menschen bekannt geworden sind, dass sich der interne Kreis des Projekts *Menschheit* ohne Wenn und Aber vor einer Entscheidung abstimmen müsse. Es habe keinen Zweck, die Dinge zu beschönigen, weil dann im Falle einer endgültigen Ablehnung etwaige Korrekturmöglichkeiten nicht mehr bestehen würden.

Raphaels Fazit

Abaddon brach deshalb die Diskussion im Plenum ab, um sich mit den stimmberechtigten Teilnehmern zu verständigen. *Uriel*, *Michael* und *Gabriel* gingen davon aus, dass auch *Er* in die Beratung einbezogen werde.

An *Michael* und *Gabriel* gewandt, eröffnete *Raphael* die interne Unterredung: »Wir *sollten nicht lange um den heißen Brei herumreden. Nach den Zeugnissen der letzten*

---

[105] Gen-Schere könnte das Tumorrisiko erhöhen; DLF, 15.6.2018; 16 Uhr 30: ´*Forschung aktuell*´;

Eiszeit in den vergangenen 10.000 Jahren habe der Homo Sapiens gemäß Seinem Auftrag eine bemerkenswerte Sozialisierung erfahren. Man könne es positiv werten, dass in dieser vorangegangenen Entwicklungszeit von mehr als 2 Millionen Jahren Enormes entstanden ist. Für die Entwicklung des Menschen von einem – in allen Funktionen – sehr unterentwickelten Primaten sind davon in dieser Zeitspanne sowohl die körperlichen als auch die kognitiven Funktionen angelegt und auf eine höhere Stufe geführt worden.«

Diese *Hoch-Entwicklung* im Vergleichs zum vorangegangen Aufbauprozess vollzog sich in einem grandiosen Verhältnis der Zeitspannen von 1:2000. Das ist *göttlich*. Leider habe sich in dieser Hochentwicklungsphase auch das Negative, wie Gier, Neid und Mordlust als Eigenschaften des Bösen herausgebildet.

Dies sei sichtbar auf allen Landmassiven der Erde: Kulturen haben sich mit ihren Nachbarstämmen um Kleinigkeiten des täglichen Lebens gestritten und sich in grausamen Massakern ausgerottet. Die Menschen konnten viele Naturereignissen nicht verstehen und haben sich bei Ersatzgöttern Hilfen erbeten. Es schien deshalb besser, *Ihm* diese *Funktionsheiligen* unterzuordnen, um größere Gemeinschaften zu schaffen.

Das geschah in unterschiedlichen Glaubensbekenntnissen, als Religionen für eine gewisse Ordnung im Glauben und Denken. *Raphael* habe nachgesehen, was auf den Siegessäulen der Ägypter oder in Opferstätten anderer Kulturen verewigt worden war: *Versprechungen* von Wohlergehen, Sicherheit des Lebens und ausreichende Nahrungsmittel. Die irdischen Herrscher hatten *ihre* Erfolge herausgestellt. Mit der zunehmenden Verfeinerung der Ansprüche gab es aber dann auch wieder Neid und Gier auf *die Anderen*. Das führte schließlich zu Kriegen und gegenseitiger Vernichtung.

Raphael kam dann zur jüngeren Geschichte der Neuzeit. Es habe sich im Grundsatz nichts geändert. *Jesus* sei als Symbol des Friedens und der Eintracht auf die Erde und unter die Menschen gesandt worden. Sein Opfer-Tod am Kreuz habe ihm Achtung bei den Menschen in seiner Mystik zum Heiligen Geist und der göttlichen Allmacht gebracht. Schon vor seiner Geburt, die ja als Beginn der Zählung neuzeitlicher Geschichtsereignisse für alle nachfolgenden Jahre festgelegt worden ist, haben sich an den Ufern des östlichen Mittelmeers viele philosophische Denker mit dem eigenen und dem fremden Leben ihrer Zeitgenossen befasst.

[*(WIR)* hatten diese Perioden beschrieben und sind – weiter vorn im Buch – beispielhaft auf die *Agnostiker* als Meilensteine der Menschheitsgeschichte eingegangen.]

»Aber auch ein verfasster und fester Glaube im Denken und Handeln«, fuhr *Raphael* fort, *»verliert im Laufe der Zeit seine Prägnanz.«* ´Gutes´ als bisheriges Dogma werde nach Interessenlage ´umgedacht´. Verdeckter Betrug und Gier würden nun den Alltag bestimmen.

Sechshundert Jahre nach Jesus *Christus*, – so nannten ihn seine Zeitgenossen –, hat sich bekanntlich ein Araber an die geistige Seite des Juden *Jesus* gestellt und erhielt, ermuntert von seiner etwas älteren Frau, eine Witwe, wichtige Botschaften von *Ihm*, die schließlich überall auf der Erde zu spüren waren und verbreitet wurden. Darüber ist in diesem Buch schon berichtet worden.

Dass sich aber viele Religionsgemeinschaften in Jerusalem an archäologisch historischen Orten versammelt und Zentren ihres Glaubens gegründet haben, war nicht immer von den Erwartungen beseelt, die ihnen gemein sind: *Frieden und Eintracht unter den Gläubigen.* Auch da gab es Zwiste, weil jeder der Erste bei *Ihm* sein wollte, mit allerlei berechtigten oder konstruierten Gründen für die Anbiederung, – so könnte man es auch sehen.

»Lasst mich Bilanz ziehen über die Jahrhunderte unseres Bemühens, Seinem Auftrag zur Menschheitsentwicklung gerecht zu werden«. Raphael ging auf die Kolonialisierung und Unterdrückung von Menschen ein, die das Glück oder Pech hatten, in ihren Lebensräumen über einen besonderen Reichtum zu verfügen oder nicht, der in fernen Ländern begehrt war.

Er lud seine Gesprächsteilnehmern zu einer Gedankenreise ein. Es sollte eine Bilanz werden.

Diese fiktive Reise begann im Fernen Osten, dann gedanklich nach Westen über den asiatischen Teil bis nach Europa, weiter nach Süden über Afrika bis an das Kap der Guten Hoffnung; kehrte nach Europa zurück und überquerte von der europäischen Westküste den Atlantik bis nach Süd- und Nordamerika.

»Es gibt auf dieser Reise keine Region«, stellte Raphael fest, *»die in den letzten 10.000 Jahren nicht von Aggressionen, Massenvernichtungen, Besetzungen oder Jahrhunderten der*

Kolonialisierung mit unterschiedlicher Intensität verwüstet wurde. Der Gang der Unterwerfung war immer der gleiche. Die starken Völker fielen in ein Land ihrer Begierde ein, zunächst freundlich, dann mit Gewalt, um alles unter Kontrolle zu bringen, schließlich mit Hilfe vielfältiger Korruption der bereitwilligen Eliten in diesen Ländern«.

»Dann war es ein Leichtes für die Fremden. Wer sich auflehnte, wurde diskriminiert, wirtschaftlich durch besondere Abgaben geknechtet oder ´beseitigt´. Soweit die Gegner nicht ihr Land verlassen haben und irgendwo ein Exil fanden, war auch ihr Leben bedroht«.

»Denkt an das Vereinigte Europa der Neuzeit, das sich der Menschenrechte rühmt«, ermahnte er seine Kollegen. *»Fast jedes Mitgliedsland hat dagegen verstoßen, zumindest jene, die diese Einheit begründeten und mit dieser Vergangenheit ihren Reichtum gewonnen und errichtet hatten. Auf ihnen lastet eine historische Schuld. Sie ist eine der Ursachen für die Armut der neuzeitlichen Menschen, der sie durch Flucht in die reichen Länder zu entgehen suchen«.*

»So wurden Bodenschätze, wie Gold, Silber und Erdöl, Früchte, Gewürze und landwirtschaftliche Erzeugnisse aus klimatisch begünstigten Ländern, – auch Menschen, Familien mit Kindern, als Sklaven voneinander getrennt –, in fremde Länder verbracht. Das war und ist abscheulich, ein Verbrechen an der Menschheit«.

»Was gaben sie ihnen für die geraubten Schätze? Glasperlen oder Alkohol und Drogen zur Beruhigung und Dämpfung ihres Widerstandes. Die stärksten Männer mussten in den Arenen der Hegemonen, wie in Roms Colosseum, gegeneinander oder gegen wilde Tiere bis zum Tod kämpfen; auf den Rängen saßen zur Belustigung die Reichen und Schönen. Hoch und heilig versprochene Grundsätze des Lebens für die Menschen wurden auch von den Priestern der Religionen verkündet. Doch sie haben diese Verbrechen geduldet oder gar verteidigt«.

»Wenn diese versklaven Menschen körperlich nicht mehr für die schwere Arbeit taugten, wurden sie gezüchtigt, durch eingeschleppte Krankheiten und Kriege dezimiert oder in Reservaten sich selbst überlassen. Das sei in Australien so gewesen, der Gefangenenkolonie von Großbritannien, auch bei den Japanern in Südostasien und an vielen anderen Orten auf der Erde«.

Als die Menschen lernten, mit Schiffen [etwa ab dem 15.Jhdt.] weit entfernte Länder, zu erkunden, massakrierten die Schiffsbesatzungen die Urbevölkerung und raubten ihre Schätze. Nach ihrer Rückkehr wurden von den Königen der

Seefahrerländer neue Raubzüge organisiert. Die spanischen und portugiesischen Könige waren darin besonders aktiv und erfinderisch. Vom Sklavenhandel, durch europäische Reeder organisiert und von Afrika nach Amerika transportiert, sind Dynastien des Reichtums entstanden, deren Nachkommen noch heute davon zehren.

Christoph
landet auf Gunahani
(Karibik, Bahamas
12.Okt.1492)
(zeitgenössischer Holzschnitt)

Mau-Tse-tung vs Buddha

Im Oktober 1950 hat *Mau-Tse-tung*, der kommunistische Führer in China, das buddhistische[106] Mutterland Tibet annektiert, das bereits im 17. Jahrhundert durch Chinas Kaiser einverleibt war, nach 1911 eine gewisse Freiheit und Unabhängigkeit erlangte bis zur erneuten Annexion 1950 und heute mit einigen autonomen Rechten zum Staatsverband Chinas gehört.

Dass sich von *Tibet*, dem Land, aus dem vor etwa zweieinhalb tausend Jahren der nepalesisch-nordindische Gelehrte *Siddharta Gautama[107]*, später *Buddha* genannt, seine Lehre von der Weisheit des Lebens, den *Buddhismus* verbreitete, war ein Lichtblick in den bewegten Zeiten vor und nach der Jahrtausendwende, dem Beginn der Neuzeit nach Christi Geburt.

Auch im Mittelalter gab es im europäischen Osten grausame Landnamen durch die Eroberungen von Kleinherrschern, auch vom russischen Zaren in den asiatischen Osten und Süden.

Hunnen und Dschingis Khan

Aus Zentralasien, – wahrscheinlich Kasachstan – kam das Reitervolk der Hunnen etwa 375 n. Chr. bis nach Westeuropa. Über den besonderen Hunnen-Anführer Attila wurde schon berichtet. Die Hunnen blieben als räuberische

---

[106] Der Buddhismus ist eine Lebensphilosophie ohne Bezug zu einer göttlichen Allmacht, bis auf das Nirwana, der Erlösung der Leiden des Lebens, weder in Askese noch in Völlerei zu verfallen und aus diesem Kreislauf des Widerspruchs auszutreten durch ein Erwachen, auch Löschen oder Verwehen und Verstehen falscher mit dem Dasein verbundene Eigenschaften, wie Egoismus, sich zu lösen von den Leiden des Daseins, Ruhe zu finden. Sich näher damit zu befassen, ohne den Bruch mit der Wirklichkeit zu vollziehen, aber ihre Grenzen zu erkennen und danach zu leben, wäre ein guter Rat an die Menschen der Neuzeit.

[107] Siddharta Gautama (Buddha *563 v. Chr. Lumbini, Nepal † 483 v. Chr. Kusinãrã, Indien, Uttar Pradesh), Weisheitslehrer in indischer Tradition; Begründer des Buddhismus (Buddha bedeutet der *Erwachte),* Buddhismus [etwa 530 v.Chr. Nordindien] ist Lebensphilosophie, sucht nach dem Mittelweg zwischen der Askese und der grenzenlosen Völlerei; siehe auch [(Vernon, M. (2013). Was ist die buddhistische Erleuchtung? In: Die großen Fragen Gott. Springer Spektrum, Berlin, Heidelberg. https://doi.org/10.1007/978-3-642-33008-7_14), 12. März 2024]

Truppe etwa 200 Jahre und leben sicherlich genetisch fort in europäischen Völkern.

Im 13. Jahrhundert hat Dschingis Khan[108], der berühmte Mongolenfürst ab 1206 Asien und Europa in Angst und Schrecken versetzt und das größte zusammenhängende Weltreich in der Geschichte errichtet, was nur annähernd durch die spätere Kolonialmacht Großbritannien an Größe erreicht wurde.

Von 1206 -1227 unter Dschingis Khan[109] und dann durch seine Nachkommen bis 1294 erweitert, erstreckte sich das mongolische Reich vom japanischen Meer, über weite Teile des heutigen Chinas, des mittleren und südlichen russischen Reiches, dem heutigen Irak und Iran bis nach Osteuropa und das Schwarze Meer. Ab 1294 bildeten sich Teilreiche, Khanate, vergleichbar mit

---

[108] [(https://www.scinexx.de/service/dossier_print_all.php?dossierID=269562); aufgerufen 10.3.2024 11:30 Uhr] siehe auch: [(https://de.wikipedia.org/wiki/Dschingis_Khan),10.3.2024, 11:35 Uhr]

[109] Dschingis Khan, ursprünglicher Name Temüdschin (ca.* 1160 −†? 18. August 1227), erster mongolischer *Khagan*, steht für Kaiser im westlichen Verständnis, Begründer des mongolischen Reiches; ein Khagan steht über allen *Khanen*, den Teilherrschern im Reich. Größtes Weltreich nach Vereinigung der mongolischen Volksstimme im 13. und 14. Jahrhundert. Die größte Ausdehnung hatte das Reich 1297 vom japanischen Meer im Osten bis zum Kaspischen Meer im Westen; es zerfällt nach dem Tod in vier Reiche:

Tschagatai-Khanat: 1294-1565; [(https://de.wikipedia.org/wiki/Tschagatai-Khanat); 10. März 2024]; …

Goldene Horde 1294-1360, [(https://de.wikipedia.org/wiki/Goldene_Horde) 10. März 2024]; heutige Ukraine, Südrussland,

Il-Chane, 1256-1335: [(https://de.wikipedia.org/wiki/Ilchane); 10. März 2024] Persien, Mesopotamien, Teile Zentralasiens und Anatoliens, Dynastie tritt im späten 13 Jahrhundert zum Islam über.

Yuan Dynastie (Großes Khanat) 1279-1368; [(https://de.wikipedia.org/wiki/Yuan-Dynastie); 10. März 2024] Siehe auch [(https://de.wikipedia.org/wiki/Dschingis_Khan), 10. März 2024] mit weiterführenden Berichten zu den oben genannten Dynastien des geteilten mongolischen Reichs nach dem Tod von Dschingis Khan.

mittelalterlichen europäischen Feudalstaaten, die von einem *Khan* regiert wurden.

Als *Dschingis Khan* 1227 gestorben ist, so berichten die Schriften, sollen 2000 Menschen der Beerdigung beigewohnt und von hunderten Reitern durch die Hufe der Pferde das Grab eingeebnet haben. Alle Beteiligten und Teilnehmer des Begräbnisses wurden zur Geheimhaltung des Beerdigungsortes getötet [siehe weiterführende Literatur und Erläuterungen in der Fußnote Dschingis Khan].

Goldene Horde 1294-1360,   **Yuan Dynastie 1279-1368**

Il-Chane, 1256-1335   **Tschagatai-Khanat: 1294-1565**

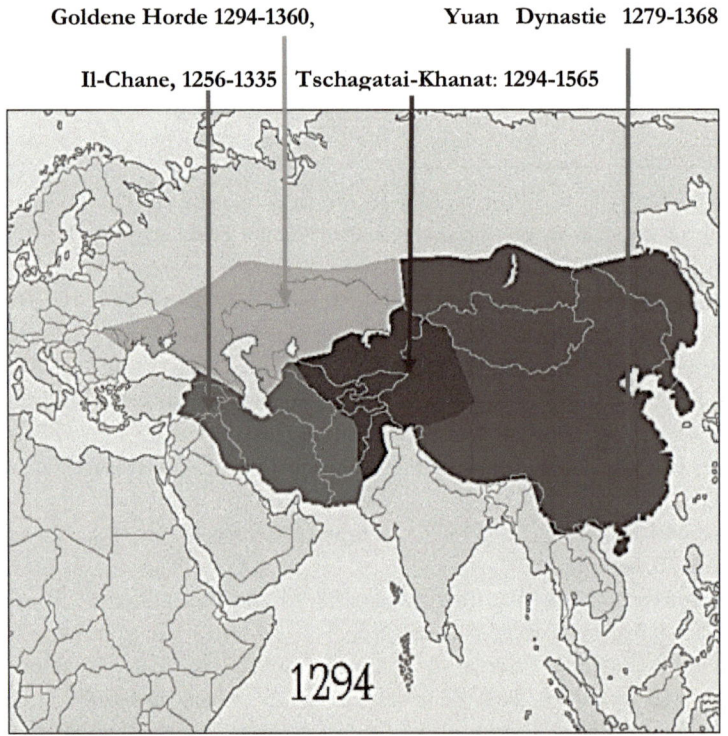

Das Mongolenreich war bis zum Tod von Dschingis Khan 1227 ein einheitliches Reich und wurde durch die Nachkommen in die vier selbsständigen Reiche von Mongulistan unterteilt.
[Kombination und Ergänzungen: Mönnig]
Quelle: u.a. [(https://de.wikipedia.org/wiki/Mogulistan), 12. März 2024]

Auf- und Untergänge –
Römer, Osmanen, Entdecker, Glaubenskriege…

Schon in der kalendarischen Jahrtausendwende haben die Römer riesige Eroberungen nach Nord- und Südeuropa sowie in den Osten und bis nach Nordafrika vorgenommen. Sie versuchten den Kolonien *ihre* römischen ´Werte und Lebensweisheiten´ aufzudrängen [was von modernen Eroberern immer noch praktiziert wird], bis sie selbst an ihrer Dekadenz zugrunde gingen.

Die *Teilung des römischen Reichs* in die strategisch und wirtschaftlich stärkere oströmische Reichshälfte, 395 n. Chr. *(Byzanz)*, mit der Hauptstadt Konstantinopel bestand bis es von den Türken, dem *Osmanischen Reich*[110] 1453 besiegt wurde.

Die *Osmanen* hatten die Küsten der umliegenden Meere (Nordafrika, Mittelmeer, Rotes Meer) und nach Norden an das europäische Kernland (Königreich Österreich-Ungarn), fast bis Wien unter ihre Gewalt gebracht.

Das *Osmanische Reich* bestand bis 1922. Es war Kriegsverbündeter vom Deutschen Reich, fiel unter die Sanktionen der Alliierten und gehörte mit dem Deutschen Reich zu den Verlierern des ersten Weltkriegs.

Der *30-jährige Krieg* [1618 bis 1648], nach den lutherischen Reformen ein Glaubens- und Eroberungskrieg zwischen den päpstlich römischen Heeren und den reformierten Protestanten, hat nicht nur in Europa große materielle und soziale Verwüstungen hinterlassen.

Diese und weitere Kriege widersprachen *Seinen* Prinzipien der Menschwerdung. Die Frage ist nicht geklärt, warum *Er* diesem Treiben nicht früher ein Ende gesetzt hat. Von diesen Verwüstungen hat sich Europa bis in die Neuzeit durch weitere Kriege nicht oder nur langsam erholt.

Die europäischen Hungerflüchtlinge und Abenteurer verließen im 18./19. Jahrhundert die wirtschaftlich geschwächten europäischen Länder und gingen

---

[110] 1299 mit der Hauptstadt Bursa an der Westküste der heutigen Türkei gegründet und 1453 besiegt wurde

meist nach Nordamerika, in die USA, oder im 20. Jahrhundert nach dem Zweiten Weltkrieg als ehemalige Nationalsozialisten nach Südamerika in das politische Asyl, soweit sie sich den *Nürnberger Prozessen* entzogen haben.

Das heutige Europa war vom 15.-20. Jahrhundert bis an die Küsten des Atlantiks in größere und kleinere militärische Auseinandersetzungen einzelner Länder und Königreiche verwickelt.

Die europäischen Herrscher raubten in Indien und Afrika Reichtümer und Sklaven. Die bedeuteten Seefahrer und Entdecker waren u.a.:

➤ *Marco Polo* [*1254 Venedig, † Januar 1324 in Venedig], stammte aus einer venezianischen Händlerfamilie, Asienreisender, Vertrauter im Kaiserreich China];

➤ *Christoph Columbus* [*1451, Genua, † Mai 1506, Wiederentdecker von Amerika];

➤ *Amerigo Vespucci* [*März 1454 in Florenz, † Februar 1512 in Sevilla], Kaufmann, Seefahrer, Navigator, Entdecker großer Teile der Ostküste Südamerikas, Namensgeber für den Doppelkontinent Amerika;

➤ *Vasco da Gama* [*etwa 1469 in Sines, Portugal, † 24. Dezember 1524 in Cochin, Indien];

➤ *Ferdinand Magellan* [*Februar 1480, Sabrosa, Portugal, † April 1521], getötet von Eingeborenen in Mactan, Philippinen und

➤ andere Seefahrer fuhren mit großen Schiffsverbänden im Auftrag spanischer und portugiesischer Könige über viele Monate, manche auch Jahre, über die teilweise noch unbekannten Meere:

Sie besetzten Inseln und Länder, im *Fernen Osten*, die *Philippinen*[111], das Riesenreich *China*, die Inseln in *Südostasien*, aber auch in Vorderasien das *Zweistromland*, über das berichtet wurde. Selbst scheinbar friedliche Völker, wie Schweden und Dänemark eroberten allein oder in Kriegs-Verbänden schwächere Länder, wie Grönland und Norddeutschland oder beteiligten sich an Scharmützel und Glaubens-Kriegen.

---

[111] Ferdinand Magellan; 300 Jahre spanische katholische Kolonie; 1899 unabhängige Republik; 1901 Besetzung durch die USA über mehrere Jahrzehnte; im Zweiten Weltkrieg japanische Besetzung, dann wieder USA-Besetzung; seit 1946 unabhängig.

Wegen dieser Zunahme von Gewalt, die nicht mehr mit Keulen und Säbeln, nun mit ´Tötungsmaschinen´ ausgefochten wurden, haben die *Planer* für die Evolutionsprozesse der Menschen Bedenken geäußert. Ihnen schienen harte Schnitte nötig zu sein, um Schlimmeres zu verhindern. Da das negative Verhalten der Menschen inzwischen genetisch fixiert und vererbt wurde, müssten Veränderung der humanen Grundbausteine erwogen werden. Eine individuelle Genkorrektur sei aber wegen der milliardenfachen Vervielfältigung in den Homo-Sapiens-Stämmen nicht mehr möglich. Es helfe nur eine Radikallösung. Schon bei Sodom und Gomorrha, was im Vergleich zur aktuellen Lage noch überschaubar gewesen war, hatte *Er* nicht gezögert, alles zu vernichten.

Realitäten, Künftiges und KI

Was *Raphael* dann berichtete, zeichnete für die Menschen, auch für die erfahrenen Erzengel eine düstere Perspektive. *»Es würden zum Klimaproblem «*, fuhr *Raphael* fort, *»in Europa, weltweit und in der UNO[112], sowie von UN- kooperierten Gruppen von Wirtschafts- und Sozialexperten, eine gefährliche (bisher hypothetische) Frage diskutiert: Der Mensch habe durch seine direkte und indirekte Kohlendioxid-Produktion die Klimaerwärmung zu verantworten. Das sei (angeblich) durch die wissenschaftliche Expertenmehrheit auf der ganzen Erde unbestritten.*

Würde ein KI-Portal[113] zu diesem Problem befragt, käme die formallogische Antwort: ´Die Zahl der Menschen müsse reduziert werden´. Das aber sei eine gefährliche Aussicht für die weitere Menschwerdung«.

---

[112] UN United Nations, Vereinte Nationen, zwischenstaatlicher Zusammenschluss von 193 [2022] Staaten, globales Internationales, uneingeschränkt anerkanntes Völkerrechtssubjekt

[113] KI steht für künstliche Intelligenz und scheint die gesellschaftliche Verdummung der Homo- Sapiens-Menschen auf die Spitze zu treiben. Wenn einem noch so großartig programmierten Rechner den *Stecker gezogen* würde, bliebe ein Haufen wertloser Schrott übrig. Intelligenz ist an humanbasierte Kreativität gebunden, an Emotionen, komplexe Denkprozesse, an Erfahrungen, an Kommunikation. All das fehlt einem Computersystem. Es ist und bleibt eine von guten oder bösen Menschen geschaffene Maschine, die sehr nützlich aber auch sehr gefährlich sein kann. Der Vergleich mit der Erfindung der

(wIR) konnten *Raphael* vertraulich und außerhalb des Protokolls zum Klima befragen. Ob ´Ja´ oder ´Nein´, wollte *Raphael* so klar nicht sagen, wies aber darauf hin, dass diese Frage nicht von wenigen Jahren, vielmehr über mehrere 100 Jahre beurteilt werden müsse. Jeder ernsthafte Wissenschaftler wisse aus archäologischen Erkenntnissen, dass sich die Planeten gegenseitig beeinflussen.

Auch die Erde erfahre wiederkehrende Anomalien infolge der elliptischen Geometrie ihrer Bahn um die Sonne. Die Sonnenaktivitäten kehren in bestimmten Abständen wieder, ändern die Wärme-Einstrahlung auf die Erde, aber auch die Intensität von magnetischen Partikeln, die eruptiv in den Weltraum gelangen und eine Wirkung auf die Bildung von Wolken haben. Der Wissenschaftler, Milutin Milanković[114], der im ehemaligen politischen Staatsgebiet von Jugoslawien gelebt und sich als Mathematiker und Ingenieur mit diesem Problem befasst hat, erkannte schon in den zwanziger Jahren des 20. Jahrhunderts, dass es in Perioden von 20.000 bzw. 40.000 Jahren zu unterschiedlichen Bestrahlungskonstellationen der Erde von der Sonne, auch zu Klimaveränderungen kommen würde. *Raphael* blieb zwar ungenau, seine Mimik zur Aussage – menschbezogen – würde aber als zustimmendes Augenzwinkern verstanden.

Nun weiter mit *Raphaels* Bericht.

Atomenergie und den daraus entwickelten alles vernichtenden Waffen, scheint KI, abgesehen von der Nützlichkeit, schwierige Prozesse maschinell zu erledigen, in der möglichen Abartigkeit gleiche Vernichtungspotenziale zu haben.

[114] Milutin Milankovic, war ein serbischer Mathematiker und Ingenieur, nach dem die sogenannten *Milankovic-Zyklen* benannt sind. Das sind langperiodische Veränderungen, global verteilt auf der Erde und der eintreffenden Sonnenstrahlungen, die über normale jährliche Schwankungsbreiten hinausgehen. Damit verbunden sind auf der Nord- und Südhemisphäre Klimazyklen, die sich durch wiederkehrende Eiszeiten und zwischenzeitlichen Warmzeiten bemerkbar machen. [Siehe auch: (https://de.wikipedia.org/wiki/Milankovi%C4%87-Zyklen), aufgerufen: 9.2.2024 20:00 Uhr]

Diese KI-Hypothese weitergedacht, würde eine Begrenzung der Geburten und des menschlichen Durchschnittsalters bedeuten. Das könne – bösartig betrachtet – am einfachsten durch eine weltweit organisierte Pandemie mit entsprechenden Impfungen, die die notwendigen Ingredienzien zur geplanten oder verhinderten Fortpflanzung enthalten, erreicht werden. Es sei offensichtlich, so *Raphael* weiter, dass der Mensch – *Unser* gemeinsames Projekt des Guten – nun sogar in *Seine* Allmacht einzugreifen versucht.

Der Mensch könne nach den aktuellen wissenschaftlichen Erkenntnissen mithilfe der *Künstlichen Intelligenz*, die empathischen und willensbezogenen Eigenschaften, also die Persönlichkeit eines Jeden so konditionieren, dass eine ausgewählte *Führungselite*, dann scheinbar zum ´*Wohle Aller*´ Gesetze erlassen würde, wie künftig die jeweils persönlichen und die gesellschaftlichen Prozesse abzulaufen haben.[115]

So gesehen, glauben **(wIR)** habe diese KI-Entwicklung im schlechten Gebrauch eine ähnliche Wirkung wie die Atomtechnologie. Sie zerstört entweder in Sekunden, oder führt langzeitig und nahezu unbemerkt zu einem ähnlichen Untergang.

»Wer hat denn diesen sinnentleerten Begriff erfunden? Künstliche Intelligenz, was soll das sein? Intelligenz ist nicht nur objektives Wissen. Das Zusammenwirken mit empathischer (menschlicher) Kreativität, ist entscheidend«, grummelten einige, auch *Michael* und *Gabriel*.

Das war laut genug. *Raphael* reagierte, *»ein leistungsfähiger, mit riesigem Speicher ausgestatteter Computer und mit ausgefeilten Softwaresystemen programmiert, könne niemals die Intelligenz seiner Planer und Konstrukteure übertreffen. Dass man Kampfmaschinen entwickeln würde, – empathie- und gnadenlos –, sei eine andere Sache und eine der absehbaren großen Gefahren. Die Menschheit würde versuchen, sich mit solchen Gedankenspielen und wissenschaftlichen Experimenten nach dem babylonischen Desaster der Frühzeit noch einmal in das GÖTTLICHE einzumischen. Leider gebe es gegenwärtig keine Möglichkeiten für eine Bewusstseins-Läuterung der Menschheit. Es werden zu viele größere und kleinere Kriege geführt.«*

---

[115] Michael Nehls; *Das indoktrinierte Gehirn: Wie wir den globalen Angriff auf unsere mentale Freiheit erfolgreich abwehren.* Mental Enterprises (Eigenverlag), 2023, ISBN 978-3-9814048-8-3, weitere Hinweise siehe dort.

»Eine mentale Human-Friedenskonditionierung wäre in diesem Chaos aussichtslos. Vielmehr müsse die akut bestehende Gefahr der Skrupellosen, – die leider oft auch die Schlauesten sind –, sich einen 'Reset' der Evolution anzumaßen, gebannt werden. In dieser Absicht schwinge ein überbordender Größenwahn, sich als Gipfel der menschlichen Evolution, von Ihm auserwählt, zu betrachten, um dem deklassierten Rest der Menschheit das künftige Leben vorzuschreiben. Deshalb besteht die Notwendigkeit für Seine Planer, einen göttlichen Great Reset vorzubereiten«, so Raphael.

Raphael kam dann auf ein besonderes Thema zu sprechen. Es sei leider so, dass sich mit der inzwischen vorangeschrittenen Digitalisierung in den hochentwickelten Menschen-Gesellschaften sehr komplexe Kreativitäts-Möglichkeiten, leider auch ethisch inakzeptable Betrachtungen und Verhaltensweisen, entwickelt haben.

»Nach unseren Erkenntnissen, die wir im Erden-Monitoring gewonnen haben, wird durch die erhöhten Rechnerleistungen und mit geeigneten Programmsystemen ein völlig anderes Blickfeld auf die inzwischen noch – recht und schlecht – funktionierenden zwischenmenschlichen Beziehungen gezeichnet. Es besteht aber die Gefahr, dass, wie es einige selbsternannte Zukunfts-Philanthropen der Homo Sapiens[116] schon prognostiziert haben, mit epidemischen Krankheiten und deren Heilung, die Menschen im Great Reset durch Impfungen zweckorientiert, sozial, kognitiv, emotional und in den persönlichkeitsbezogen Eigenschaften neu programmiert werden könnten«.

(wIR) müssen *(uNS)* nun doch wieder einschalten, um die Schnittstelle zwischen pseudodenkenden Maschinen etwas näher zu beleuchten. Sie agieren mit den komplexen Programmsystemen weitestgehend *homo-sapiens-unabhängig.* Es ist den irdischen Wissenschafts-Medizinern gelungen, die menschlichen Genome zu entschlüsseln: Ereignisse, die auf einen Menschen während seiner täglichen Aktivzeit einwirken, werden im Hippocampus des Gehirns –

---

[116] gemeint sind die Autoren George Orwell mit dem Buch „1984", Anaconda Verlag, ISBN 978-3730609767 und Aldous Huxley in "Schöne Neue Welt", Fischer, 1980, ISBN 978-3596200269; siehe auch *Michael*Nehls: Das indoktrinierte Gehirn, bereits voran zitiert.

digital betrachtet, dem Arbeitsspeicher – jeweils hinter den beidseitigen Schläfen im Gehirn des Homo Sapiens kurzzeitig zwischengespeichert, dann in den Ruhepausen fragmentiert und nachts im Großhirn, der menschlichen Denkfabrik, dem Langzeit-Speicher, also vergleichbar mit dem digitalen Hauptspeicher, abgelegt. Den Homo-Sapiens-Wissenschaftlern und -Praktikern sei es gelungen, zu entziffern, wie die mehrdimensionalen Eindrücke eines aktiv handelnden Menschen in den Bausteine des Gehirns, den Neuronen, gespeichert, verarbeitet und bei Bedarf mit Hilfe der Raum- und Zeitindices des jeweiligen Ereignisses auch wieder abgerufen werden können. Die Menschen können sich durch diese *Indices* (auffällige Eigenschaften im Aussehen, Verhalten, markante Zeitpunkte des Geschehens etc.) an das jeweilige Ereignis erinnern.

Nun haben sich aber einige skrupellose Wissenschaftler, wie es bereits kritisiert wurde, durch Veränderungen an den Genen ziemlich nahe an *Seine* konzeptionellen Grundlagen der Evolution herangearbeitet – zum Beispiel mit der GEN-Schere (CRISPR)[117] –, besonders aber durch Zusätze in den Impfstoffen. Sie treffen Vorbereitungen, die Gemeinschaft der Homo Sapiens in verschiedene Gruppen einzuteilen.

Das gelingt aber nur dann, wenn die Leistungen in den Gehirnen der Menschen auf eine manipulierbare Ebene verändert werden. Die Leistungsfähigkeit eines Gehirns und seiner Bestandteile ist von der Anzahl und der Qualität der Neuronen abhängig. Je mehr davon intakt sind und in deren Reproduktions-Umlauf im komplexen Gehirn tätig werden können, umso höher ist die mentale und technologische Leistungsfähigkeit eines Menschen.

Da es nun möglich ist, die Neuronen[118] als die wichtigsten Leistungsträger eines Gehirns qualitativ und quantitativ zu beeinflussen, besteht die Gefahr, Menschen für Zwecke Dritter zu programmieren

---

[117] Wurde bereits weiter vorn als Quelle erläutert

[118] [(https://link.springer.com/chapter/10.1007/978-3-662-57263-4_18 k), 11.3.2024]; wörtlich aus » *[...] ...die neuronalen Systeme, denen eine Schlüsselrolle für das Erleben und den*

[zu manipulieren]. Dazu wurden in einer Studie für eine andere Evolutionslinie sowohl die Vor- als auch die überwiegenden Nachteile formuliert. Obwohl das alles in *Seinem* Auftrag erfolgte, war *ER* sichtlich schockiert und hat *(uNS)* beauftragt, diesem Treiben Einhalt zu gebieten.

Ohne der Entscheidung der EVVS vorzugreifen, müsse auf dem heutigen Entwicklungsstand der Menschen von einer Korrektur der bisherigen Planungen ausgegangen werden.

Auf dieses mögliche Ergebnis, das auch *Ihm* zur Kenntnis und Entscheidung vorgelegt werden würde, müssten sich die Verantwortlichen für das Projekt ´Homo Sapiens´ einstellen.

Die Enttäuschung war dem Kreis der anwesenden Erzengel anzusehen. Sie ließen die Flügel hängen. Das war zwar etwas unpassend, doch metaphorisch zutreffend. Das düstere Bild wäre sonst nicht eindrucksvoller zu beschreiben. Nach diesem Schock versuchten trotzdem einige der verantwortlichen Planer mit vorsichtigen Hinweisen *Ihr* Projekt zu retten. Wie würde es sein, wenn die ´Emotionen´ eines Homo Sapiens angereichert würden?

Ausdruck von Emotionen zugeschrieben wird. Dabei liegt das Hauptaugenmerk auf Furcht, Angst, Wut und Aggression. Um sich die Bedeutung von Emotionen bewusst zu machen, sollte man sich einmal das Leben ohne sie vorstellen. Ohne die alltäglichen Hochs und Tiefs, die jeder kennt, wäre das Leben eine leere, eintönige Existenz ohne jede Bedeutung. Der Ausdruck von Gefühlen macht zweifellos einen großen Teil des Menschseins aus. Außerirdische in Science-Fiction-Filmen haben zwar oft menschliche Züge, sie wirken aber trotzdem unmenschlich, weil sie keine Gefühle zeigen.« ´Neuronale Mechanismen der Emotion´: Mark F. Bär, Barry W. Connors & *Michael* A. Paradiso, aus Kapitel 18, erstmals online: 18. September 2018, aufgerufen 11.3.2024; [(https://www.spektrum.de/magazin/neurowissenschaft-hirnforscher-manipulieren-erinnerungen/1344913) 11.3.2024] magazin Spektrum.de Manipulierte Erinnerungen, Ch. Wolf
Wienkamp, H. (2022). *Was sagt die Wissenschaft zu Manipulationen?* In: Manipulation als System. essentials. Print ISBN 978-3-662-65133-9 Springer, Berlin, Heidelberg. [(https://doi.org/10.1007/978-3-662-65134-6_4), 11.3.2024].

Vergleichbare Studien haben herausgefunden, dass mit einer hohen emotionalen Kompetenz die Fähigkeit, Fantasien zu entwickeln, gesteigert werde. Das sei die Voraussetzung, um vermeintlich fest eingefahrene Denk-Bahnen zu erkennen und verlassen zu können, was schließlich der Keim für die Kreativität im Denken und Handeln sein würde.

Und was vom Klima auf dem Planeten ´Erde´ den Menschen für die Erwärmung angelastet werde, müsse in langen erdgeschichtlichen Zeiträumen von vielen 100.000 Jahren betrachtet werden und nicht nur über kurze Zeitabschnitte. Dann ist zu erkennen, dass es immer einen Wechsel von langandauernden Eiszeiten mit kurzen Warmzeiten gegeben hat. Diese sind ohne Industrie oder menschliche Einflüsse ´gekommen und wieder vergangen´.

Es genüge nicht, die Erde singulär zu betrachten, denn sie ist, eingeordnet in ´ihr´ Sonnensystem, ein Nichts im galaktischen Maßstab. Sie wird auf ihrem Lauf um die Sonne von vielen komplex wirkenden Faktoren in bestimmten Perioden, oft wiederholt, beeinflusst. Schon die Ägypter sprachen von sieben fetten und sieben mageren Jahren, wie in der Bibel nachzulesen ist. Meteorologische Ursachen beeinflussen die Ernte, was von den damaligen Menschen erkannt und berücksichtigt wurde.

Dass unsere Sonne[119,120,121] in ebenfalls ähnlichen Zeittakten ihre Aktivitäten vergrößert und verkleinert und durch ausgestoßene ionisierende Partikel auch das irdische Klima beeinträchtigen kann,

---

[119] Rainer Kayser: *Beeinflusst die Sonne das irdische Klima?* Welt der Physik (Bundesministerium für Bildung und Forschung) 14. Mai 2009; [(https://www.weltderphysik.de/thema/hinter-den-dingen/sonne-und-klima/), aufgerufen 10.3.2024, 6:30 Uhr]

[120] Axel Tillemans: *Forscher: der Sonnenzyklus beeinflusst das Erdklima*, 24. Juni 2003, Bild der Wissenschaft; [(https://www.wissenschaft.de/astronomie-physik/forscher-der-sonnenzyklus-beeinflusst-das-erdklima/) aufgerufen 10.3.2024; 6:30 Uhr]

[121] Katja Bammel: *Erdklima durch Magnetfeld der Sonne bestimmt?* 29. November 2000, Bild der Wissenschaft; [(https://www.wissenschaft.de/astronomie-physik/erdklima-durch-magnetfeld-der-sonne-bestimmt/#), aufgerufen zehnte dritter 2024; 6:45 Uhr]

muss in Betracht gezogen werden[122]. Schließlich sei an den serbischen Astronomen und Mathematiker, Milutin Milanković [123], noch einmal erinnert, der erkannt hat, dass sich unsere Erde auf einer Ellipse um die Sonne bewegt, es also im galaktischen Ablauf Zeiten der relativen Nähe oder der relativen Ferne zwischen Erde und Sonne gibt, wobei von ihm ein Zeitraum für den Wechsel dieser Umlaufbahn von 20-40.000 Jahren erkannt und allgemein bestätigt wurde. Darauf wurde schon eingegangen.

(wIR) müssten zur Kenntnis nehmen, was mit *(uNSEREN)* bisherigen Evolutionsbemühungen für den Homo Sapiens an Nützlichem, auch durch *Ihn* selbst, mit geistiger Leistung geschaffen wurde und publiziert worden ist. Das ist ein Problem.

Diese positiven Erkenntnisse der ausgeglichenen Daseinsberechtigung aller Lebewesen und Pflanzen, die *Seine* Planer bereitgestellt haben und dann von (uNS) und vom Homo Sapiens selbst geschaffen wurden, ist leider von einigen Fehlgeleiteten, bei denen die Gene des *Verträglichen*, der *Toleranz* und des *Guten* nicht angelegt oder verkümmert sind, zum *Schlechten* pervertiert worden. Sie haben sich mit den Resten oder ihrer sogar fehlenden geistigen Fähigkeiten im Schatten der Schlauen und Guten eine Macht angeeignet, mit der sie (uNSER) Werk der Evolution schädigen, sogar vernichten können.

(wIR) haben diesen Stimmungsbericht zusammengefasst. Aus den Gesichtern und Regungen *Seiner* verantwortlichen Planer war eine schmerzliche Zustimmung dieser noch einmal vorgebrachten Kritik

---

[122] Nigel Calder; Henrik Svensmark*; Sterne steuern unser Klima*: Eine neue Theorie zur Erderwärmung / Henrik Svensmark; Nigel Calder. Aus dem Engl. von Helmut Böttiger;
Düsseldorf: Patmos, 251 S.; ISBN 9783491360129

[123] Milutin Milanković, serbischer Mathematiker 1879-1958, *Akzente lang periodische Veränderungen der globalen Verteilung über eine in Zyklen auftretende Schwankungsbreite der Sonneneinstrahlung.* Ein Milanković-Zyklus dauert etwa 40.000 Jahre und ist variabel mit dem Neigungswinkel der Erdachse zwischen 22,1 und 24,5°. Siehe auch Milutin Milanković-Zyklen [https://de.wikipedia.org/wiki/Milankovi%C4%87-Zyklen]

zu sehen. *Sie* schwiegen. Es schien, dass jeder das Unausweichliche akzeptieren würde. Das zu erwartende Urteil habe jeder sehen können. *Sie* müssen wohl mit dieser traurigen Akzeptanz der Situation leben.

Man müsse sich immer vor Augen halten, dass Geschichte, also die Ereignisse im Zeitablauf, zu Sedimenten mit unterschiedlicher Dichte werden. Wer nach Wahrheiten sucht oder metaphorisch ein sicheres Haus bauen will, muss die tragfähigen Schichten finden, um darauf zu gründen.

Es ist unerlässlich, zu wissen, dass Teile dieses Hauses, also vermeintliche Wahrheiten, morsch werden können und durch neue, gesunde Bauteile zu ersetzen sind. Deshalb besteht künftig für die vernunftbegabten Menschen die ständige Pflicht, das metaphorische Haus zu pflegen und dessen Standsicherheit im Auge zu behalten.

Raphael nahm zwar an, dass *Er* tatsächlich noch einmal kurz Kontakt mit *Ihnen* aufnehmen werde, um sich aus erster Hand informieren zu lassen. Das Ergebnis der Debatte schien nach *Seinen* Äußerungen zwar bereits festzustehen. Sie hatten aber den Eindruck, dass *Er* wohl doch noch einen letzten Rettungsversuch für die Menschen unternehmen würde. Sie mussten dann aber doch einsehen, dass wegen des epidemischen Entwicklungsfehlers keine Einzellösung mehr möglich war.

Die folgende Entscheidung der Kommission war eindeutig:

»Die Evolutionsreihe Homo Sapiens ist nach dem Kodex der intergalaktischen ´EvolutionsVollVerSammlung´ (EVVS) im GENETISCHEN EXIT zu beenden«, verkündete *Raphael* das Ergebnis für die übrigen *Seiner* Beauftragten am Projekt ´Homo Sapiens´. Das aber war für den internen Kreis keine Überraschung mehr.

Der Genetische Exit

Seine Planer hatten sich Jahrtausende mit anderen Projekten befasst. Sie brauchten nach der Entscheidung in der Vollversammlung (EVVS) etwas Abstand. Noch bevor sie sich von der *Erde* abwandten, hatten sie das Nötige veranlasst: Die Humankeimzellen wurden mit einer extraterrestrischen Neutronensonde bestrahlt. Diese Behandlung war in wenigen Tagen erledigt. Die ursprüngliche Absicht, nur die männlichen Nachkommen für eine Fortpflanzung zu blockieren, ließen sie fallen. Es gab zu viele Möglichkeiten männliches Erbgut sicher zu verwahren. Die Menschen hatten das im Übrigen bereits seit langem als Vorsichtsmaßnahme für solche Ahnungen praktiziert. Dennoch hatten sich die Planer bei *Ihm* um die Genehmigung bemüht, eine gewisse Anzahl männlicher und weiblicher Keimzellen in ihre Sicherungsverwahrung zu nehmen. Eine spätere Fortsetzung der Optimierung mit reparierten Gensequenzen war ja in der Debatte vor dem EVVS auch erwogen worden.

Im weiteren Umfeld von benachbarten Sonnensystemen gab es hochwertige Labormethoden, um an einer geringen Anzahl konservierter Keimzellen die nötigen Genveränderungen für eine erfolgreiche Fortsetzung des Evolutionsprojektes *Homo Sapiens* vornehmen zu können. Obwohl es bis zum damaligen Abbruch der Entwicklungsreihe ´Mensch´ gelungen war, durch die Entfernung des Zellkerns deckungsgleiche Menschenkopien herzustellen, zu klonen, und auch die Verschmelzung von Keimzellen außerhalb des Körpers erfolgreich angewendet wurde, war die künstliche Ausreifung der Embryonen außerhalb des Körpers bisher nicht erprobt worden. Das aber wäre notwendig, um in einer späteren Fortsetzung der nun abgebrochenen Mensch-Entwicklung erfolgreich zu sein.

Nun hatte sich auf der *Erde* nach dem Weggang *Seiner* Beauftragten in den folgenden Zehntausend Jahren wiederum eine Eiszeit ereignet. Die nördlichen und südlichen Erdoberflächen waren über mehrere hundert Meter dick zugefroren. Die riesigen Wasserreservoire der Weltmeere waren deshalb erheblich reduziert und der Rest zur Eisfläche erstarrt. Die Pegel sanken um viele Meter und unendliche Wüstenflächen mit Schnee und Eis prägten die Landschaft.

Er bat die Planer, gelegentlich nach ´Dem Rechten zu sehen´. Der Abbruch *Seiner* Bemühungen auf der *Erde* war für *Ihn* eine schwere Enttäuschung, aber auch die Hoffnung für einen Neubeginn. Als *Michael* und *Gabriel* die *Erde* verließen, d.h. ihr Beobachtungs- und Kontrollsystem auf ´Wiedervorlage` eingestellt hatten, kamen Zweifel, was mit den baulichen Anlagen auf der *Erde*, teilweise bis zu tausend Meter hoch und massiv in künstlichem Stein erbaut, werden würde.

Aber davon war, wie sich dann erwies, nach dieser langen Zeit nichts mehr zu sehen.

Es gab zwar noch eisfreie Bereiche, dort hatten Vulkane heiße Gesteinsflüsse ausgespien und im Zentrum eine brodelnde Seenlandschaft gebildet. Vereinzelt sahen sie im Eis in regelmäßigen Abständen schwarze eisfreie Löcher: Das waren die alten Atommeiler, die nach dem Aussterben der Menschheit noch tausende Jahre der Vereisung widerstanden haben.

Eines Tages erfuhren *Michael* und *Gabriel* überraschend von der Zentrale, der Zwischeneiszeitzyklus würde bald beendet sein. Nach weiteren tausenden Jahren, ließ man sie wissen, würde die Erdoberfläche wieder eisfrei sein. Die Zeit drängte: Zehntausend Jahre war im galaktischen Maßstab der nächste Tag. Sie mussten sich sputen. Die gesicherten Keimlingsrückstellungen hatten sie genetisch repariert, die Gen-Nachteile waren ausgemerzt und insbesondere das *aggressive Vernichtungsgen* ausgeschaltet.

Mit dem Abschmelzen des Gletschereises haben riesige Kräfte alle Reste der ehemaligen Besiedlung vernichtet. Man werde also wieder von vorne beginnen können und müssen.

(wIR)

Hoffnungen

Es war, wie es *Gabriel* vorausgesagt hatte: Die Vereisung der *Erde* war bis auf die Polkappen zurückgegangen und soweit man das aus dieser großen Entfernung an der Färbung der Erdoberfläche erkennen konnte, gab es eine Vegetation. *Er* bat *Seine* Planer in einer Inspektionsreise die Verhältnisse auf der *Erde* zu prüfen: Den Gedanken eines vernunftbegabten, positiv denkenden Prototyps für das All, hatte *Er* nicht aufgegeben.

Sie wollten zunächst die Regionen besuchen, die eisfrei geblieben waren. Dort war bis zum damaligen Abbruch der Primatenoptimierung die allgemeine Entwicklung langsamer verlaufen. Es war aber auch der Ausgangspunkt *ihres* Auftrages.

Sie hatten in aufwendigen Modifikationen die Stammprimaten mit einer verbesserten Hirnmasse ausgestattet und sie zur Vermehrung

in den Norden geschickt. Der dann angestoßene Entwicklungspro-
zess war bis zum erzwungenen Abbruch durch die Vollversammlung (EVVS) weit vorangekommen, zumindest technisch, aber in ihrem Verhalten waren die Menschen kriminell und verrucht.

Das hatte bekanntlich zum Abbruch des Projektes MENSCH geführt. Als die Planer dann den Norden der *Erde* inspizierten, hatte
sich die Landschaft nach dem Abschmelzen des Eises völlig verändert. Nichts von den großen Städten und Anlagen war übriggeblie-
ben. Die Kräfte des Eispanzers hatten – einem riesigen Hobel gleich
– alles Bisherige vernichtet und die Erdoberfläche auf einen Urzu-
stand zurückgesetzt. Die damaligen Tiere und Pflanzen waren, an
die Klimaveränderung angepasst, in die eisfreien Regionen ausge-
wichen.

Michael und *Gabriel* waren optimistisch in die ´Zentrale zur Erdent-
wicklung´ zurückgekehrt. *Er* hatte vorgesorgt und vom Präsidium
der *EvolutionsVollVerSammlung* (EVVS) die Genehmigung für die
Fortsetzung des *Projektes Mensch* eingeholt, vorausgesetzt sei aber
der Nachweis, dass keine radioaktive Verseuchung der Erdoberfläche verblieben ist.

Gabriel aktivierte die damaligen Entwicklungsprogramme und bat
Michael die Inkubatoren für den Transfer der Nullserien vorzubereiten. Die positive Genreparatur war erfolgreich abgeschlossen.
Auch die Verschmelzung der Keimzellen machte keine Schwierigkeiten. Sie hatten mit neuen Versuchsreihen einen Weg gefunden,
wie die embryonale Weiterentwicklung vollzogen werden könne:
Die Entfaltung der optimierten DNA musste in allen Entwicklungsetappen ohne Fremdeinflüsse gesichert werden. Dies schloss die
Versorgung der Embryos bis zur Lebensautonomie ein.

So verkürzten sie die Entwicklungszeit um etwa zwei Millionen ERD-
Jahre und konnten dort weitermachen, wo sie wegen des EVVS-
Beschlusses am 8. Mai 2108 abbrechen mussten und der Genetische Exit eingeleitet wurde. Es würde keine Rückfälle bei den
neuen Menschentypen geben. Die Korrektur der Erbinformationen

war durch die Positivmanipulation der *Gier -und Aggressionsgene*
nur auf die reinen Lebens- und Denkfunktionen beschränkt worden. Alles andere, – wie die allgemeine moralische und kulturelle
Formung –, würde wie bei den damaligen Exemplaren durch ein
Schulsystem jeweils im Kindesalter bis zum Erwachsensein in lebens-
langer Bildung erfolgreich organisiert werden, ohne dem damaligen Druck der Menschen aus Angst, physischer Überforderung, ag-
gressiven Bedrohungen, Gier und Machtbesessenheit untereinander ausgesetzt zu sein.

Alle sinn- und nutzlosen Produktionen, insbesondere von Waffen
und anderem Kriegsgerät waren nicht mehr erforderlich und hat
riesige Wertpotentiale, die allen zugutekommen, freigesetzt.

Mit einem modernen Feintuning war die wichtige Eigenschaft der
Neugierde so geregelt worden, dass eine Entartung in *Gier und
Aggression* unterbunden werden konnte. Nun gab es die Sicher-
heit, dass die Selbstzerstörung, die den damaligen Abbruch der
Menschentwicklung verursacht hatte, ausgeschlossen werden
konnte.

Da ihnen die Zeit unter den Nägeln brannte, mussten sie auf das
Verfahren *Paradies-Garten-Eden-Bewusstseinserwachen* verzich-
ten. Die Eingewöhnungsphase der menschlichen Erstbewohner
sollte zeitgerafft erfolgen. *Seine* Planer hatten für etwa 15 Jahre ein
gesondertes Terrain vorbereitet, das Schutz vor Unwetter, Klima
und wilden Tieren bot.

Friedfertige Ammentiere hatten sie als Bewacher abgerichtet, die
für die Pflege der Neuschöpfungen sorgten. Dort wohnten mehrere
Paare. Die Versuchungen mit dem *verbotenen Apfel* vom *Baum
der Erkenntnis* und der *hinterlistigen Schlange* ließen sie weg.

Nützliche Erbinformationen aus der abgebrochenen Primatenoptimierung hatten sie gesichert. Im Übrigen lag ein großes Maß an
wertvollen Erkenntnissen vor. Sie mussten also nicht bei *Adam und
Eva* anfangen. *Er* verfügte, dass noch eine Quarantäne von fünf
Generationswechseln einzuhalten ist.

Erst dann könne *Er* feststellen, ob der neue Typus Mensch *Seinen* Anforderungen genüge: *Er* sollte nicht göttlich, aber im Guten *Seinem* Ebenbild entsprechen.

Hinweis

Höchst vorsorglich ist darauf hinzuweisen, dass das Manuskript dieses Textes – als Fiktion in *Seiner* Denkfabrik modellhaft durchgespielt – leider nach einer Indiskretion veröffentlicht wurde. Es bestand die Gefahr, panikartige Folgen auszulösen. Deshalb sollte das Szenario mit den Verantwortlichen der extraterrestrischen Sicherheitsexperten abgestimmt und *Ihm* zur Genehmigung vorgelegt werden. Dazu ist es aber nicht mehr gekommen. Die Szenarien, wie sie hier geschildert wurden, bestehen also in ihrer Gefahr und Radikalität fort (leider).

Aufklärungen

(wIR) folgen dem fiktiven Text, obwohl das Projekt MENSCH, wie oben geschildert, (vorläufig) ausgesetzt worden war. Dennoch war die Gefahr, – wie sie nach dem Untergang der Dinosaurier mit der Läuterung des Homo Sapiens und *Seinem* Auftrag an die Erzengel *Michael* und *Gabriel*, das ´Höchste an Vernunft´, Ihm ähnlich, aber nicht ebenbürtig, zu erschaffen –, nicht gebannt.

Die ausführlich in diesem vorliegenden Bericht beschriebenen Risiken und Absonderlichkeiten des *Neuen Homo Sapiens*, einem zweiten Versuch nach dem Untergang der Dinosaurier, bestehen fort.

Nun schien es *Ihm* nach dem vollzogenen *Great Reset* am Homo Sapiens – auch in *Eigener* Sache – notwendig, die Vorstellungen der Menschen von *Ihm* und den frühen Einzelgöttern auf die Ebene des universell gültigen unendlichen *Seins* zu stellen. Sicherlich gab es eine ganze Reihe von intelligenten Menschen, die zunächst rein empirisch den eigenen Planeten *Erde* und deren kosmische Nachbarschaft einschließlich der Sonne mit einem gewissen, meist oberflächlichen Erkenntnisgewinn erforscht haben. Aber die Dimension dessen, was die Erde mit den dort lebenden Bewohnern im Vergleich zur geahnten Unendlichkeit des Alls real darstellt, gleicht in seiner atomaren Minimalität dem *Mehltau auf einem Blatt eines irdischen Baumes.*

In grauer Vorzeit entstand – oft in den Kirchen befördert– bei den Menschen der Eindruck ´*Der Liebe Gott*´ sei ein gütiger alter Mann, der liebevoll – von einer Wolke – das Irdische organisiert und behütet. Doch die modernen, vermeintlich aufgeklärten Menschen wähnten sich durch allerlei interessante Gerätschaften und wissenschaftliche Analysen der Weisheit Höchstes zu sein. Das hat zu gefährlichen Konsequenzen geführt. Jeder reklamierte nun in einer angemaßten Vollkommenheit seine individuellen Freiheiten. Darin lag zu allen Zeiten, – auf verschiedenen Ebenen –, das eigentliche Problem: von *Gier, Hass und Empathielosigkeit*, die die Menschen immer wieder an den Rand ihrer Selbstvernichtung gebracht haben.

Vor einem halben Jahrtausend hat *Shakespeare* die bisher wohl wunderbarste Liebesgeschichte aufgeschrieben und die Liebenden *Romeo und Julia*, die aus abgrundtief einander hassenden Familien stammten, durch ihren (Frei)tod das Wunder der *Versöhnung* vollbringen lassen: Kriege wären in allen Zeiten mit *Emotion und Vernunft* zu verhindern.

Und im Jahre 1994 ereignete sich in Südafrika ein gleiches Wunder. Die mit vielen Grausamkeiten durch weiße Kolonialisten seit 1910 errichtete Apartheid – von überwiegend niederländischen Eindringlingen, den Buren, gegen die Urbevölkerung – brach zusammen. Der schwarze Freiheitskämpfer Nelson Mandela war aus politischen Gründen fast 10.000 Tage in Einzelhaft, kam nach dem Rücktritt des reformwilligen weißen Präsidenten des Apartheidregimes, Willem de Klerk, in Freiheit, wurde gemeinsam mit ihm 1993 als Friedensnobelpreisträger geehrt und gilt – moralisch und menschlich beispielhaft – für Versöhnung ohne Rassendiskriminierung [(Matabane, 2017); (Antoni, 2015)].

Er ist mit den ´*Sinnen der Menschen*´ nicht zu erfassen. *Er* ist in ´*Allem*´ und ´*Überall*´. *Er* ist die unbegreifliche Unendlichkeit des Universums.

Dass *(wIR)* in diesem Bericht Mythen bemühen, schien (uNS) als Teil des Ganzen, die irdische Menschheitsgeschichte zu verstehen, ein guter Weg zu sein, in anderen Dimensionen die Fundstücke vorausgelebter Menschen belegen.
Wenn wenigstens *Demut*, *Ehrlichkeit* und *Empathie* die neuen Merkmale des reformierten Homo Sapiens sein würden, wäre *Sein* Auftrag zeit- und dimensionslos erfüllt und *Iblis*[124] hätte seine Wette gegen das Göttliche verloren.

Wer oder Was hat die allgemein, auch außerhalb unseres Seins geltenden naturwissenschaftlichen Gesetze und Ordnung koordiniert, zu einem Ganzen gefügt? Wir *wissen* es nicht und *glauben*. Wer sein *Wissen* nicht in die fantastische Grenzenlosigkeit des Denkens erweitert, verliert als Homo sein „Sapiens" und die Fähigkeit, das uns umgebende Unfassbare auch *emotional* aufzunehmen.

Emotionen erlauben aus vorgezeichneten Bahnen auszubrechen, Neues, bisher Nichtgedachtes zu denken, zu prüfen, zu werten.
Glauben auf der Basis anerkannten Wissens, öffnet den Horizont in die Zukunft. Das sollte dem Homo Spaniens in der Verantwortung allen irdischen Lebens bewusst werden.

Und so ist das bisher Gesagte zu verstehen: befreit von Denk-Gefangenschaften der Ideologien irdischer Politik und/oder von Religionen, wenn sie sich hinter der Arroganz von *Ausschließlichkeit* verstecken.

---

[124] Siehe Kapitel ´Konflikte´

Nachwort

Vom ´Dach´ unserer Zivilisation die Ereignisse real oder historisch zu betrachten, hat einen besonderen Reiz. Man kann sich ´daneben´ stellen und seine Beobachtungen machen, aus eigenen Erfahrungen, den Prägungen der Eltern und Menschen, die uns umgeben, von Beruf, Schule, Studium und den emotionalen Begegnungen in allen Höhen und Tiefen des Lebens.

In solche ´Denklandschaften´ werden uns zwangsläufig die *´guten´* und *´bösen´* Momente der Menschen und unserer Umwelt in den subjektiven und objektiv nicht beeinflussbaren Abläufen bewusst. Vor den Milliarden Galaxien im Universum ist im Vergleich die Unsrige ein *´Nichts´*. Die Kultivierung unserer mineralischen Kugel ´Erde´, mit Flora, Fauna und dem Homo Sapiens, dessen animalischen Ur-Instinkte durch seine bewusstseinsgesteuerte ´Vernunft´ ersetzt werden sollte, ist das *´Wunderbare und Besondere´*. Dabei sollten die Ordnungsprinzipien des Homo Sapiens der Logik des Seins entsprechen, von Geburt, Gedeihen und Vergehen, mit Demut, sozialer Toleranz und dem Schutz der Grundlagen des Lebens. Dazu gehören das vermeintlich objektive, erkenntnisbezogene *Wissen* und weitergehend das emotions- und fantasiegesteuerte Denken *(Glauben)* als Hoffnung und Weg zum Unbekannten und *Un-Erfassbaren*, unabhängig vom religiöse Rahmen. *Ohne Emotionen und Fantasien werden eingefahrene Bahnen nicht verlassen, um Neues zu entdecken.*

Aber mit der *Arroganz und den Fähigkeiten* des modernen *Homo Sapiens* gibt es Risiken und Gefahren, das bisher Geschaffene vernichten zu können. Das ist seine Schwelle der Ultima Ratio, wenn in Beschränktheit und selbstmörderischem Fatalismus droht, diese zu überschreiten.

Der Autor war bemüht, sich in die Erkenntnisse und Mängel der Entwicklung des Homo Sapiens durch Studien, Berichte und Erfahrungen möglichst nahe am Kern und in die Konsequenzen ´einzudenken´. Das geschieht zwangsläufig fragmentarisch, aber nachvollziehbar und erhebt keinen wissenschaftlichen Anspruch. Die beigezogenen Quellen sind allenfalls ein romanhafter Anstoß für eigene soziale, naturwissenschaftliche, philosophische, anthroposophische u.a. interessante Disziplinen.

Der Handlungsausgang ist keine Dystopie und kein erhobener Zeigefinger, doch von jedem etwas. Früher bekamen Täter am Pranger Gelegenheiten zur Läuterung. Deshalb sollte der *Homo Sapiens* in seiner ihm ursprünglich gegebenen Vernunft eine Chance bekommen!

Hans-Ulrich Mönnig,   Weimar im Juli 2025

Vietnam, Buddhistischer Altar, Foto ©Mönnig

Register:

Literatur (Auswahl); siehe auch Fußnoten

„**Denisova-Mensch**". In: Wikipedia – Die freie Enzyklopädie. Bearbeitungsstand: 12. Dezember 2022, 15:48 UTC. URL: https://de.wikipedia.org/w/index.php?title=Denisova-Mensch&oldid=228793595 (Abgerufen: 3. Januar 2023, 07:34 UTC)

Antoni, S. (2015). Nelson Mandela's "Long Walk to Freedom" aus kulturspezifischer Sicht. Abgerufen am 27. 4 2024 von http://othes.univie.ac.at/35787

Domarus, A. v. (1942). Krankheiten der Drüsen mit innerer Sekretion. Abgerufen am 26. 2 2024 von https://link.springer.com/chapter/10.1007/978-3-662-36901-2_9

Eberhardt, J. (2013). Bienen und Gelée royale. Abgerufen am 19. 3 2023 von https://die-honigmacher.de/kurs1/seite_14200.html

Fischer, T. (1988). Römer und Bajuwaren an der Donau. Abgerufen am 27. 2 2024 von https://katalog.ub.uni-heidelberg.de/cgi-bin/titel.cgi?katkey=3495050

Matabane, K. (2017). Das Vermächtnis des Nelson Mandela. Abgerufen am 27. 4 2024 von https://search.datacite.org/works/10.5445/diva/2017-505

Ploeger, A. (2018). Gewalt und Gehorsam. Abgerufen am 27. 2 2024 von https://content-select.com/de/portal/media/view/58c2b99e-e5f0-49c3-ba30-7046b0dd2d03

Schmidt, K., Clare, L., Dietrich, O., Köksal-Schmidt, Ç., & Notroff, J. (2015). Göbekli Tepe, Türkei: Die Arbeiten des Jahres 2014. Abgerufen am 3. 1 2023 von https://publications.dainst.org/journals/index.php/efb/article/view/1676/4584

Schrenk, F. (2019). Vom Menschenaffen zum modernen Menschen. Abgerufen am 3. 1 2023 von https://link.springer.com/chapter/10.1007/978-3-662-58334-0_16

Göbekli Tepe, Grafik: https://www.bing.com/images/search?

Zimmermann, T. - Neues zu den vermeintlichen Tempelanlagen des Göbekli Tepe 03.04.2021; Deutsch-Türkischer Akademikerbund, UNESCO-Welterbe Göbekli Tepe; Monumentale Architektur aus der Jungsteinzeit

Hawking, St./Roger P., Raum und Zeit, 3. Aufl. Februar 1999, Rowohlt Verlag GmbH, ISBN 3498029347.

Hands, J., COSMOSAPIENS – Die Naturgeschichte des Menschen von der Entstehung des Universums bis heute, 1. Aufl. 2017, Albrecht Knaus Verlag, München, ISBN 978-3-8135-0757-7.

Nehls, M; Das indoktrinierte Gehirn: Wie wir den globalen Angriff auf unsere mentale Freiheit erfolgreich abwehren. Mental Enterprises (Eigenverlag), 2023, ISBN 978-3-9814048-8-3.

Calder, N. und **Svensmark, H.**: Sterne steuern unser Klima, Patmos Verlag GmbH & Co. KG, Düsseldorf, 2008

Über den Autor

Hans-Ulrich Mönnig, Prof. Dr.-Ing. habil, ist Konstruktiver Bauingenieur und pensionierter Hochschullehrer. Er war Inhaber eines Lehrstuhls an der damaligen HAB Weimar und Gründer eines Institutes, das sich mit dem Planen und Bauen in tropischen Regionen befasst hat – unter besonderer Beachtung der klimatischen, technischen, kulturellen, sozialen und wirtschaftlichen Bedingungen in Ländern Asiens, Afrikas und Lateinamerikas.

Er war Rektor der Weimarer Hochschule, Präsident der Thüringer Ingenieurkammer und ´Öffentlich Bestellter und Vereidigter Sachverständiger´ im nationalen und internationalen privaten und gerichtlichen Auftrag, auch der UNO.

Bei seinen Reisen hat er die Menschen unterschiedlicher Kulturen und Religionen in tropischen Ländern, – meist ehemalige Kolonien –, kennengelernt und erlebt, dass wir uns, wie alle Menschen, im Ursprünglichen, dem Guten und dem Bösen, gleichen und wir uns vom Un-Erfassbaren aus verschiedenen Blickorten Geltung und Schutz erhoffen. Das war ein Impuls für dieses Buch.

Der Autor hat als praktizierender Ingenieur, Hochschullehrer und Wissenschaftler zahlreiche Aufsätze, Gutachten und Bücher zu Sachthemen, auch zu gesellschaftskritischen Problemen veröffentlicht. Das vorliegende Buch ist aus einer fiktiven Sicht von ´Oben´ geschrieben, korrekt: von ´Irgendwo´. Es greift das Thema ´Mensch´ in seinem authentisch strukturierten Format auf und versucht, dessen Defekte und die der Gesellschaft, in einer kritischen Prognose vor den historischen Hintergrund der Entwicklung des Homo Sapiens zu stellen, kurz und sachlich, nüchtern, bisweilen mit verhaltenem Sarkasmus, mit Humor, der Würde des Themas angemessen.

Jordanien, Al-Azraq, 2021, Foto ©Mönnig

Ich bin ledig, nimm mich bitte mit!